COLLOQUIAL
GERMAN

Uniform with this volume

Colloquial French
Colloquial Italian
Colloquial Japanese
Colloquial Arabic
Colloquial Persian
Colloquial Spanish
Colloquial Hindustani
Colloquial Hungarian
Colloquial Russian
Colloquial Rumanian
Colloquial Czech
Colloquial Turkish
Colloquial Portuguese

COLLOQUIAL GERMAN

by
P. F. Doring

Fourth (revised) edition by
Inge Hubmann-Uhlich

Routledge & Kegan Paul

London, Boston and Henley

First published in 1946
Second edition (revised) 1950
Reprinted 1952, 1956, 1958, 1960, 1965, 1970, 1973
Third edition (revised by Inge Hubmann-Uhlich) 1975
Fourth edition (revised by Inge Hubmann-Uhlich) 1979
Published by Routledge & Kegan Paul Ltd
39 Store Street, London WC1E 7DD,
9 Park Street, Boston, Mass. 02108, USA and
Broadway House, Newtown Road,
Henley-on-Thames, Oxon RG9 1EN
9 Park Street, Boston, Mass. 02108, USA
Set in Monophoto Times
and printed in Great Britain by
Unwin Brothers Ltd
The Gresham Press, Old Woking, Surrey
This edition © Routledge & Kegan Paul Ltd 1979

ISBN 0 7100 0482 6 (p)

CONTENTS

PART TWO BILINGUAL READING

PART THREE READING EXERCISES

PART FOUR LITERATURE

PREFACE TO THE FOURTH EDITION

This is a thoroughly revised and up-to-date edition of the famous book originally written by P. F. Doring. It is produced for those who want to acquire quickly a sound knowledge of written and spoken German.

The new edition contains 19 lessons in Part 1, bilingual reading in Part 2, straightforward reading exercises in Part 3 and a selection of literature including well known poems in Part 4.

In undertaking this revision I have concentrated on modern words and phrases and situations. When you have completed your study you should indeed be able to speak COLLOQUIAL German. And you will not find speaking it difficult because German, unlike French, is a phonetic language and easier for English people to pronounce.

Inge Hubmann-Uhlich

PART ONE
AUFGABEN (LESSONS)

1 AUFGABE

PRONUNCIATION (Die Aussprache)

Rule: **German is pronounced as it is spelled. Each sound has only one pronunciation.**
There are few exceptions.

THE GERMAN ALPHABET (Das deutsche Alphabet)

A	a	ah	J	j	yot	S	s	ess
B	b	beh	K	k	kah	T	t	teh
C	c	tseh	L	l	ell	U	u	oo
D	d	deh	M	m	emm	V	v	fow
E	e	eh	N	n	enn	W	w	veh
F	f	eff	O	o	oh	X	x	iks
G	g	geh	P	p	peh	Y	y	üpsilon
H	h	hah	Q	q	koo	Z	z	tset
I	i	ee	R	r	airr			

VOWELS (Selbstlaute)

Vowels may be either long or short.

a	as in arm:	arm, Zahl, warm	**o**	as in boring:	ohne, schon, Ton
	almost as in cut:	Fall, Ball, Schatten		as in pot:	rottet, Motte, konnte
e	as in send:	gehen, wehen, senden			
	as in fed:	Bett, fett, keck	**u**	as in pussy:	Lust, Brust, stumm
i	as in bee:	Igel, wider, Bibel		as in doom:	Ruhe, Kuchen, Stuhl
	as in pin:	bitte, Wille, sickern			

Notice that the sound of a vowel is always short when followed by two consonants consisting of the same letter (as in **Bett**, **Wille**, **konn**te). The *h* is not pronounced when followed by a consonant (as in o**hn**e, Stu**hl**).

Vowels before a **mute h** are always long.

Always pronounce the final **e** (as in bitte, Ruhe, ohne).

DIPHTHONGS (Zwielaute)

Diphthongs are always long.

ie	as in bee:	Liebe, Sieb, Bier	**au**	as in house:	Haus, Maus, Aufgabe
ei	as in mine:	mein, sein, Wein	**äu**	as in boy:	Bäume, läuten, Räuber
ai	as in mine:	Mai, Kaiser, Mainz	**eu**	as in boy:	Deutschland, Europa, Freude

UMLAUTE

ä ö ü is the modification of a o u and is called der Umlaut.

ä	almost like—e as in hen	Hände, Mädchen, rächen
ö	as in English worm:	König, Vögel, Söhne
ü	identical with French u in rue. To practise it say ee and purse your lips at the same time as if you meant to whistle:	müde, lügen, Hügel

CONSONANTS: (Mitlaute)

b	as in English:	Bein, Band, bin
	final b like p:	Leib, Laub, Raub, Lob
d	as in English:	die, Dame, du
	final d like t:	wild, mild, rund, Bild
g	as in English:	gehen, gern, sagen, legen
	final g like k:	Berg, Weg, Verlag
j	as the English y in year:	Jahr, ja, jeder, Jesus
k	remember that every letter must be pronounced:	Knabe, Knall, Knolle
r	guttural as in French:	Rose, Ring, Rest, Rand
v	like f:	von, vor, viel, vier, Vater, Vogel
w	English v-sound as in *v*owel:	was, wo, wer, wie

z	pronounced *ts* as in ra*ts*:	zu, zwei, zwar, Ziege
ch	after a, o, u, au as in Scottish loch:	ach, Bach, lachen, Buch, Loch, Hauch
	after e, i, ei, the same sound more softly pronounced:	Rechen, ich, mich, sich, weich, feucht
chs	like ks:	sechs, Büchse, Wachs, Dachs
ng	as in English singing:	Lunge, Finger, Ring
sp	as English shp: at the beginning of a syllable:	Sport, Speer, besprechen
	otherwise as in English:	Wespe, Raspel
st	as English sht: at the beginning of a syllable:	Stein, Stern, bestellen
	otherwise as in English:	Liste, kosten, Weste
sch	as English sh:	Schule, schon, schwarz, Schwindel
ss	between vowels when the first is short as in:	küssen, müssen, lassen
ß	this is called **sz** or **sharp s,** pronounced as the English ss and is written at the end of a word:	Fuß, Kuß, groß
	after a long vowel:	süßer, Straße, Füße
	and before a consonant in one syllable:	gebüßt, geküßt, grüßte

It is quite safe to use the *ss* instead of ß, but you should learn to recognize it.

And now read the alphabet again!

PRONUNCIATION EXERCISE (Aussprache-Übung)

This exercise is of fundamental importance for your later work. Read aloud and several times. Don't worry about the meaning of the words— just concentrate on the pronunciation!

Leib, Hunger, Weste, Wendung, Januar, Bleistift, Juli, Gold, Mai, Gesicht, Dienstag, Geschichte, Juni, Geige, August, Ziege, zeigen, waschen, Leiche, Licht, sechs, rot, Rat, Rätsel, Leute, läuten, Wiese, Männer, böse, Auto, hören, Bombe, Loch, Löcher, üben, für, waschen, Atom, Fliege, zwei, sprechen, nicht, Sache, Zwiebel, Schachtel, sagen,

Weg, Donnerstag, Arm, Bohne, Butter, Qual, dein, alle, Bach, Schein, Lob, Zucker, Wald, Bein, riechen, viel, füllen, Quäker, Rose, verstanden, Rabe, Storch, Rand, Kuh, Veilchen, Schüler, vier, versuchen, Becher, machen, Strumpf, singen, fast, schlecht, Schluß, wir, Wiener, Wäscheweiber, wollen, weiße, Wäsche, waschen.

2 AUFGABE

THE DEFINITE ARTICLE—NOUNS AND GENDERS

All German nouns begin with a capital letter.
There are three articles:

	masculine	*feminine*	*neuter*
Singular:	der	die	das
	the	the	the
Plural:	die	die	die
	the	the	the

Masculine

All male persons and male animals
Nouns ending in -ich, -ig, -ing, (Tepp**ich**, Kön**ig**, Sperl**ing**)
Names of days, months, the four seasons, stones

Feminine

Female persons (except Mädchen and Fräulein) and female animals
Nouns ending in -ung, -heit, -schaft, -ei and -keit (Forsch**ung**, Wahr**heit**, Wissen**schaft**, Sklaver**ei**, Fröhlich**keit**)
Two-syllable nouns (things without life) ending in -e (Wiese, Ruhe, Tasche)

Neuter

Neither masculine nor feminine
Names of countries (except Switzerland: die Schweiz), cities, villages and metals (except steel: der Stahl)

All nouns ending in -chen, -lein (Mäd**chen**, Fräu**lein** = girl, Miss)
All verbs used as nouns (the writing, the reading, the singing = das Schreiben, das Lesen, das Singen)

SINGULAR AND PLURAL

Singular		*Plural*	
der Hammer	(m)	die Hämmer	(the hammer)
die Rose	(f)	die Rosen	(the rose)
das Land	(n)	die Länder	(the land/country)

THE INDEFINITE ARTICLE

Similarly, the Indefinite Article **a, an** is in German:
ein (m)   *eine* (f)   *ein* (n)

der Hammer	die Rose	das Land
ein Hammer	eine Rose	ein Land

There are many words derived from the Anglo-Saxon.
Can you guess what they mean? Substitute ein, eine, ein.

der Mann (Männer)	die Mutter (Mütter)	das Haar (Haare)
der Hut (Hüte)	die Lampe (Lampen)	das Netz (Netze)
der Fisch (Fische)	die Lippe (Lippen)	das Kinn (Kinne)
der Vater (Väter)	die Milch (-)	das Blut (-)

Translation:

the man	the mother	the hair
the hat	the lamp	the net
the fish	the lip	the chin
the father	the milk	the blood

Advice When you learn these words and the others to come employ the so-called 'direct method', that is to say: do not practise single words such as Lampe but point at a lamp and form a little sentence: This is a lamp = Das ist eine Lampe, or, This is a book = Das ist ein Buch.
Memorize sentences and phrases. The more incongruous and the funnier the better.

How to use the **plural form** for the following nouns:
(-)   no plural
(-e)   simply add the -e to the existing noun:
      der Stein, plural: die Steine
(-n)   die Lampe, plural: die Lampen
(-er)   das Ei, plural: die Eier,
etc.

TRANSLATION

der	Kuchen	(m) (-)	Straße	(f) (-n)	Feuer	(n) (-)
der	Stein	(m) (-e)	Mitte	(f) (-n)	Auto	(n) (-s)
das	Bein	(n) (-e)	Auge	(n) (-n)	Lamm	(n) (Lämmer)
der	Weg	(m) (-e)	Zunge	(f) (-n)	Stamm	(m) (Stämme)
die	Seite	(f) (-n)	Lunge	(f) (-n)	Schuh	(m) (-e)
die	Seide	(f) (-n)	Haut	(f) (Häute)	Reise	(f) (-n)
die	Tisch	(m) (-e)	Knie	(n) (-)	Stock	(m) (Stöcke)
	Herz	(n) (-en)	Haus	(n) (Häuser)	Kreide	(f) (-n)
	Katze	(f) (-n)	Hütte	(f) (-n)	Soldat	(m) (-en)
	Hund	(m) (-e)	Hut	(m) (Hüte)	Pflaume	(f) (-n)
	Kind	(n) (-er)	Blei	(n) (-)	Apfel	(m) (Äpfel)
	Vater	(m) (Väter)	Nachbar	(m) (-n)	Kirsche	(f) (-n)
	Lampe	(f) (-n)	Busch	(m) (Büsche)	Kirche	(f) (-n)
	Fuß	(m) (Füße)	Daumen	(m) (-)	Flasche	(f) (-n)
	Eis	(n) (-)	Werk	(n) (-e)	Raum	(m) (Räume)
	Wetter	(n) (-)	Garten	(m) (Gärten)	Ei	(n) (-er)
	Schiff	(n) (-e)	Strich	(m) (-e)	Tag	(m) (-e)
	Brot	(n) (-e)	Urlaub	(m) (-e)	Woche	(f) (-n)
	Jahr	(n) (-e)	Schlaf	(m) (-)	Monat	(m) (-e)
	Blut	(n) (-)	Schaf	(n) (-e)	Wasser	(n) (-)
	Silber	(n) (-)	Bäcker	(m) (-)	Tinte	(f) (-n)
	Gold	(n) (-)	Zucker	(m) (-)	Heim	(n) (-e)
	Salz	(n) (-e)	Honig	(m) (-)	Kuß	(m) (Küsse)
	Tochter	(f) (Töchter)	Milch	(f) (-)	Nuß	(f) (Nüsse)
	Bruder	(m) (Brüder)	Bier	(n) (-)	Fluß	(m) (Flüsse)
	Onkel	(m) (-)	Preis	(m) (-e)	Kissen	(n) (-)
	Tante	(f) (-n)	Tee	(m) (-s)	Ohr	(n) (-en)
	Nichte	(f) (-n)	Kaffee	(m) (-s)	Nacht	(f) (Nächte)
	Mädchen	(n) (-)	Melone	(f) (-n)	Kopf	(m) (Köpfe)
	Karte	(f) (-n)	Boot	(n) (-e)	Fenster	(n) (-)
	Fahrt	(f) (-en)	Zug	(m) (Züge)	Kleid	(n) (-er)
	Sohn	(m) (Söhne)	Glas	(n) (Gläser)	Gras	(n) (Gräser)
	Bus	(m) (Busse)	Bad	(n) (Bäder)	Tasse	(f) (-n)

Das ist ungefähr ein Zehntel von allen Wörtern, die Sie lernen müssen.
Lesen Sie alle diese Wörter mehrere Male laut.

TRANSLATION

cake	street/road	fire
stone	middle/centre of	car
bone/leg	eye	lamb
way	tongue	stem/tribe
side	lung	shoe
silk	skin/hide	travel
table	knee	stick
heart	house	chalk
cat	hut	soldier
dog	hat	plum
child	lead (metal)	apple
father	neighbour	cherry
lamp	bush	church
foot	thumb	bottle
ice	work/works	room
weather	garden	egg
ship	line	day
bread	holiday	week
year	sleep	month
blood	sheep	water
silver	baker	ink
gold	sugar	home
salt	honey	kiss
daughter	milk	nut
brother	beer/ale	river
uncle	price	cushion
aunt	tea	ear
niece	coffee	night
girl	melon	head
card/ticket	boat	window
journey	train	dress
son	glass	grass
bus	bath	cup

This is about a tenth of all words you must learn.
Read all these words several times aloud.

TRANSLATION

Was ist das?	Das ist ein Buch
Was ist dies?	Dies ist auch ein Buch
Ist das auch ein Buch?	Nein, Herr Lehrer, es ist ein Tisch
Ist das nicht ein Bild?	Ja, es ist ein Bild
Ist das ein Buch oder ein Bild?	Es ist ein Buch
Ist das mein Kugelschreiber?	Nein, das ist meiner
Ist das meine Uhr?	Ja, das ist Ihre Uhr
Wie ist das Buch?	Es ist sehr interessant
Wie ist der Bleistift?	Er ist lang und rot
Ist er hier?	Ja, er ist hier
Wo ist die Tür?	Sie ist dort
Und wo ist mein Kaffee?	Er ist hier
Ist der Lehrer hier?	Ja, er ist hier
Sind Sie zu Hause?	Nein, ich bin in der Schule
Ist das Buch teuer?	Nein, es ist billig
Ist das Papier auch billig?	Nein, es ist sehr teuer
Was ist das?	Ich weiß nicht
Was ist grün?	Das Gras ist grün
Ist die Tinte rot oder blau?	Sie ist rot
Ist das wahr?	Nein, das ist nicht richtig
Wo ist die Schallplatte?	Sie ist dort
Wer ist dort?	Der Schüler ist dort
Wo ist der Schrank?	Ich verstehe nicht
Wo ist das Fenster?	Es ist dort
Haben Sie ein Buch?	Ja, ich habe ein Buch
Habe ich ein Buch?	Ja, Sie haben auch ein Buch
Ist das mein Buch?	Ja, es ist Ihr Buch
Wer ist das?	Das ist ein Schüler
Wo sind die Kirschen?	Das sind keine Kirschen
Sind es Äpfel?	Nein, das sind Pflaumen
Wo sind die Soldaten?	Sie sind in ihren Hütten
Sind das Ihre Nichten?	Nein, das sind meine Töchter
Wo sind die Eier?	Sie sind im Wasser
Hier sind meine Brüder	Dort sind ihre Autos

TRANSLATION

What is that?	That is a book
What is this?	This is also a book
Is that also a book?	No, Sir, it is a table
Isn't that a picture?	Yes, it is a picture
Is that a book or a picture?	It is a book
Is that my (ballpoint) pen?	No, that is mine
Is that my watch?	Yes, that is your watch
What is the book like?	It is very interesting
What is the pencil like?	It is long and red
Is it here?	Yes, it is here
Where is the door?	It is there
And where is my coffee?	It is here
Is the teacher here?	Yes, he is here
Are you at home?	No, I am at school
Is that book expensive?	No, it is cheap
Is the paper also cheap?	No, it is very expensive
What is that?	I don't know
What is green?	The grass is green
Is the ink red or blue?	It is red
Is that true?	No, that is not correct
Where is the record?	It is there
Who is there?	The pupil is there
Where is the cupboard?	I don't understand
Where is the window?	It is there
Do you have a book?	Yes, I have a book
Do I have a book?	Yes, you also have a book
Is that my book?	Yes, it is your book
Who is that?	That is a pupil
Where are the cherries?	These are not cherries
Are they apples?	No, they are plums
Where are the soldiers?	They are in their huts
Are these your nieces?	No, these are my daughters
Where are the eggs?	They are in the water
Here are my brothers	There are their cars

Nouns and their plurals

Bild	(n)	(-er) picture	Schallplatte	(f)	(-n) gramo-
Bleistift	(m)	(-e) pencil			phone record
Buch	(n)	(Bücher) book	Schrank	(m)	(Schränke)
Fenster	(n)	(-) window			cupboard
Gras	(n)	(Gräser) grass	Schule	(f)	(-n) school
Kaffee	(m)	(-) coffee	Schüler	(m)	(-) pupil
Kugelschreiber	(m)	(-) (ball point) pen	Tinte	(f)	(-n) ink
			Tisch	(m)	(-e) table
Lehrer	(m)	(-) teacher	Tür	(f)	(-en) door
Papier	(n)	(-e) paper	Uhr	(f)	(-en) watch

3 AUFGABE

ADJECTIVES (Eigenschaftswörter)

There are many familiar faces among adjectives too:

alt	— jung	old	— young
warm	— kühl	warm	— cool
hohl	— voll	hollow	— full
hoch	— tief	high	— deep
sauer	— süß	sour	— sweet
neu	— alt	new	— old
still	— laut	quiet	— loud
dünn	— dick	thin	— thick/fat
klug	— dumm	clever	— silly/dense
hart	— weich	hard	— soft
arm	— reich	poor	— rich
mild	— rauh	mild	— rough
mager	— fett	lean/meagre	— fat
kurz	— lang	short	— long
krank	— gesund	ill	— healthy
wild	— zahm	wild	— tame
weit	— nahe	far	— near
heiß	— kalt	hot	— cold
streng		*strict*	

Farben (colours)

weiß (white), rot (red), grün (green), blau (blue), gelb (yellow), orange (orange), grau (grey), schwarz (black), hell (light), dunkel (dark), golden (golden), silbern (silver).

Reminder: Do not memorize single words: yellow is 'gelb, red is 'rot' but form little sentences: The lamp is yellow, the book is red.

More adjectives

groß	— klein	large/big/tall	— little/small
breit	— schmal	wide	— narrow
richtig	— falsch	correct	— wrong
schnell	— langsam	quick	— slow
scharf	— stumpf	sharp	— blunt
billig	— teuer	cheap	— expensive
schön	— häßlich	beautiful	— ugly
leicht	— schwer	easy	— difficult/heavy
nüchtern	— betrunken	sober	— drunk

EXERCISE

You will find below the questions: Wie sieht das Gras aus? Wie ist der Lehrer? Literally: How looks the grass out? How is the teacher? This is in good English: What does the grass look like? What is the teacher like?

Wie sieht das Gras aus?	Es ist natürlich grün
Ist der Bleistift stumpf?	Ja, aber er ist lang
Ist das Mädchen schön?	Nein, es ist häßlich
Ist der Hund gefährlich?	Nein, aber er ist groß
Wie ist der Lehrer?	Er ist sehr streng
Und die Lehrerin?	Sie ist sehr freundlich
Ist die Stunde interessant?	Nein, ich schlafe schon
Sind Sie groß?	Ich bin nicht sehr groß
Bin ich klein?	Nein, Sie sind nicht sehr klein
Möchten Sie eine Tasse Kaffee?*	Nein, aber eine Tasse Tee, bitte
Wollen Sie nach Hause gehen?*	Nein, noch nicht

New nouns and their plurals (Neue Hauptwörter und ihre Mehrzahl)

Lehrerin (f) (-nen) school mistress
Stunde (f) (-n) lesson, hour
Tasse (f) (-n) cup

* It would also be correct to say: Wollen Sie eine Tasse Kaffee *or* Möchten Sie nach Hause gehen.

Translation

What does the grass look like?	It is green, of course
Is the pencil blunt?	Yes, but it is long
Is the girl beautiful?	No, it (she) is ugly
Is the dog dangerous?	No, but it is big
What is the teacher like?	He is very strict
And the school mistress?	She is very friendly
Is the lesson interesting?	No, I'm already asleep
Are you tall?	I am not very tall
Am I small?	No, you are not very small
Would you like a cup of coffee?	No, but a cup of tea, please
Do you wish (want) to go home?	No, not yet

COMPARISON OF ADJECTIVES (Steigerung der Eigenschaftswörter)

The comparison of adjectives in German is very similar to English.

Regular

reich (rich)	reicher (richer)	am reichsten (richest)

Differences

In German:	dankbar	dankbarer	am dankbarsten
In English:	grateful	**more** grateful	**most** grateful

In German:	schön	schöner	am schönsten
In English:	beautiful	**more** beautiful	**most** beautiful

Rule: Never use **more** or **most** (**mehr** or **meist**) in German comparison.

mild (mild)	milder	am mildesten
dünn (thin)	dünner	am dünnsten
wild (wild)	wilder	am wildesten

Der Rhein ist **der schönste** Strom Deutschlands.
Der Rhein ist **am schönsten** im Mai.
Rule: Use 'am' for the superlative if no noun follows.

Some adjectives take the Umlaut

kalt (cold)	kälter	am kältesten
jung (young)	jünger	am jüngsten
alt (old)	älter	am ältesten

In addition to adding -er (in the case of monosyllables) the vowels **a**, **o** or **u** are generally modified.
The **h** becomes **ch** and the **ch** becomes **h**:

| nahe (near) | näher | am nä**ch**sten |
| hoch (high) | höher | am hö**ch**sten |

Irregular

As in all languages some adjectives are irregular:

gut (good)	besser (better)	am besten (best)
viel (much)	mehr (more)	am meisten (most)
bald (soon)	eher (sooner)	am ehesten (soonest)

There are expressions in every language which cannot be translated literally. These are called **idioms.**

gern is a tricky word to translate but you will understand its use from the following examples:

gern   lieber   am liebsten

Ich tanze gern	I like dancing
Ich habe das gern	I like that
Ich trinke gern Tee, aber ich trinke lieber Kaffee	I like to drink tea, but I prefer coffee
Ich rauche Zigaretten lieber als Zigarren	I prefer (to smoke) cigarettes to cigars
Ich trinke am liebsten Wein	I like (to drink) wine best
Er raucht am liebsten eine Pfeife	He likes (to smoke) a pipe best

| *so—wie* | *as—as* |
| Komme so schnell wie möglich | Come **as** quickly **as** possible |

| *als* | *than* |
| Die Miete ist höher **als** erwartet | The rent is higher **than** expected |

| *je—desto* | *the—the* |
| **Je** mehr **desto** besser | The more the better |

New nouns and their plurals

Lebensmittel	(pl) (-)	food, provisions, groceries
Sprache	(f) (-n)	language
Wein	(m) (-e)	wine

EXERCISE

| Ist Ihr Vater älter als Ihre Mutter? | Natürlich, mein Vater ist viel älter |

Sind Lebensmittel in Deutschland billiger als in England?	Nein, sie sind teurer als in England
Sprechen Sie lieber Deutsch oder Französisch?	Ich spreche am liebsten Englisch
Trinken Sie lieber Kaffee oder Tee?	Ich trinke am liebsten Wein
Wie heißt das größte Land Europas?	Es heißt Russland
Ist Russisch die schwerste Sprache?	Nein, ich glaube Chinesisch
Wann wollen Sie gehen?	So bald wie möglich, bitte
Ist es heute nicht schön?	Ja, aber nicht so heiß wie gestern
Je schneller Sie kommen, desto besser	Ich tu' mein Bestes

Translations

Is your father older than your mother?	Of course, my father is much older
Is food in Germany cheaper than in England?	No, it is more expensive than in England
Do you prefer to speak German or French?	I like speaking English best
Do you prefer coffee or tea?	I like wine best
What is the name of the biggest country in Europe?	It is (called) Russia
Is Russian the most difficult language?	No, I think (it is) Chinese
When would you like to go?	As soon as possible, please
Isn't it beautiful today?	Yes, but not as hot as yesterday
The quicker you come the better	I do (will do) my best

WORTSCHATZ (Vocabulary)

Brief (m) (-e) letter	studieren to study
Freund (m) (-e) friend	wohnen to live at/to dwell
Brieffreund (m) (-e) pen friend	mein my
Frau (f) (-en) woman, wife, Mrs	zwanzig twenty
Geschäftsmann (m) (G'männer) businessman	ziemlich fairly
	lang long
Jahr (n) (-e) year	mit with
Universität (f) (-en) university	sein his
Eltern (pl-) parents	deshalb therefore
gehen to go/to walk	ausgezeichnet excellent

MEIN FREUND PETER

Peter ist mein Brieffreund. Er ist zwanzig Jahre alt und geht auf die Universität in Berlin. Er studiert Medizin. Peter ist groß und sein Haar ist ziemlich lang. Sein Vater, Herr Wallner, ist ein Geschäftsmann und wohnt mit seiner Frau in Hamburg, in der Bankstraße. Frau Wallner, Peters Mutter, ist Engländerin. Deshalb ist sein Englisch so ausgezeichnet.

FRAGEN (Questions)

Answer in complete sentences, for example: Wer ist Peter? Answer: Peter ist mein Brieffreund.

Wie alt ist er?	How old is he?
Was macht er?	What does he do?
Was studiert er?	What is he studying?
Ist sein Haar kurz?	Is his hair short?
Wer ist Herr Wallner?	Who is Mr Wallner?
Wo wohnt er?	Where does he live?
Ist Herrn Wallners Frau Deutsche?	Is Mr Wallner's wife German?
Wo wohnen Peters Eltern?	Where do Peter's parents live?

Important: **Translate and read aloud.** Don't be afraid of making mistakes, you can only learn from them.

4 AUFGABE

PRESENT TENSE OF 'SEIN', TO BE (Die Gegenwart)

Singular	Plural
ich bin (I am)	wir sind (we are)
du bist (you are)	ihr seid (you are)
er ist (he is)	sie sind (they are)
sie ist (she is)	Sie sind (you are)
es ist (it is)	

Note: **Du** is used only when addressing relatives, close friends, children or animals.

Ihr is the plural form of **du** and is used in the same circumstances (relatives, friends, etc.)
In all other cases the correct way to address people is **Sie**.
These forms of address are all written with a capital letter in correspondence.

Examples

Ich bin noch nicht zu Hause	I am not at home yet
Du bist reich	You (2nd sing.) are rich
Er ist klug	He is clever
Sind Sie ein Lehrer?	Are you (Sie) a teacher?
Es ist ein Junge	It is a boy
Seid Ihr alle glücklich?	Are you (2nd pl.) all happy?
Wir sind zufrieden	We are content
Wo sind sie?	Where are they?
Ich bin nicht krank	I am not ill
Ist er nicht arm?	Isn't he poor?
Was bin ich?	What am I?
Ist sie nicht hier?	Isn't she here?
Ihr seid meine Freunde	You (2nd pl.) are my friends
Bist du sehr müde?	Are you (2nd sing.) very tired?
Wie groß bin ich?	How tall am I?
Wo sind Sie?	Where are you (Sie)?

DER-WORDS

These words are called **der**-words because they are used like der, die, das:

dieser	jener	welcher	jeder
(this)	(that)	(which)	(every, each)

Examples

Der Garten ist groß	The garden is large
Dieses Kind ist intelligent	This child is intelligent
Jenes Land ist reich	That land is rich
Welcher Staat ist der mächtigste?	Which state is the most powerful?
Nicht jeder Mensch ist ehrlich	Not every man is honest
Diese Frau ist schön	This woman is beautiful
Welcher Bahnsteig, bitte?	Which platform (trains) please?
Nicht jedermann spricht Deutsch	Not everybody speaks German
Dieses Auto ist neu	This car is new

seide – silk

Jene Kirche ist alt	That church is old
Welches Kleid trägst du?	Which dress are you wearing?
Dieser Apfel ist sauer	This apple is sour
Welcher Fluß ist der längste?	Which river is the longest?

NOUNS AND THEIR PLURALS

Leute (pl) people, persons
Lüge (f) (-n) lie
Mensch (m) (-en) man, person, human being
Staat (m) (-en) state (government)

Das can be translated by **this** and **that.**

Examples

Das ist eine Lüge	This is a lie
Das ist wahr	That's true
Das tut man nicht	One doesn't do that

Es gibt there is, are (literally: it gives)

Examples

Es gibt viele Leute	There are many people
Es gibt ein gutes Buch	There is a good book
Es gibt nichts mehr	There is no more

TRANSLATION EXERCISES

Your German is now good enough to translate the following sentences. (To check up on your translation turn to page 145).

1

Die Kirsche ist rot. Tage sind lang, aber Wochen sind länger. Ein Jahr hat 12 Monate. Das Buch ist sehr interessant. Mein Freund ist älter als ich. Die Stadt ist sehr alt. Dieses Mädchen ist häßlich. Ist die Milch sauer? Wollen Sie eine Tasse Kaffee? Das ist nicht möglich. Meine Haare sind ziemlich lang. Seine Eltern sind freundlich. Bist du zu Hause? Haben Sie einen Kugelschreiber? Dieser Hund ist sehr gefährlich. Die deutsche Sprache ist nicht schwer, aber die englische Sprache ist leichter. Wie sieht die Kirche aus? Wie alt sind Sie? Das ist eine lange Fahrt. Die Seide ist schön, aber sie ist teuer. Ja, das ist wahr.

bald – eher – am ehesten

2

(Unless otherwise stated use the polite form: Sie oder Ihre, page 35)

Do you have my watch? The houses are high. The girl is very clever. My father is a businessman. I don't know. Is the teacher there? No, but he is here. The doors are white. Is that right? The coffee is hot. Your neighbour is friendly. Is the cupboard big? Yes, it is fairly large. You (2nd sing.) are very beautiful. I like drinking. Are you in Germany? We are there. When would you like to come? He has a penfriend. She has a cat. The water is cold. That country is poor. The people are very honest. I am not ill. Which dress is the most beautiful (one)? There is no more. The pupil is intelligent.

DAVID GEHT ZUR ARBEIT

Bankangestellter (m)	bank clerk	beobachten	to watch
Brücke (f) (-n)	bridge	fahren	to drive, go
zu Fuß	on foot	nehmen	to take
am Morgen	in the morning	regnen	to rain
Spaziergang (m) (S'gänge)	a walk	treffen	to meet
Stoßzeit (f) (-en)	rush hour	gefallen (gefällt)	to like
Verkehr (m) (-)	traffic		

einige	some, a few	obwohl	although, even though
manche	some	sauber	clean
manchmal	sometimes	schrecklich	terrible
mürrisch	gloomy	verständlich	understandable

Mein Name ist David James, und ich wohne mit meinen Eltern in London. Ich bin 19 Jahre alt und bin ein Bankangestellter. Die Arbeit gefällt mir. Ich treffe viele Leute, reiche und arme. Die Bank ist in der City von London. Ich fahre jeden Tag mit dem Zug bis zur Bahnstation London Bridge und gehe über die berühmte Brücke. Es ist ein schöner Spaziergang, obwohl die Themse nicht sehr sauber ist. Nur wenn es regnet, nehme ich einen Bus. Aber in den Stoßzeiten ist der Verkehr schrecklich, und manchmal ist man schneller zu Fuß.

Es ist sehr interessant, die Leute zu beobachten, die über die Brücke gehen. Manche sind freundlich, viele sind müde und einige sind mürrisch. Aber das ist verständlich: Es ist doch noch früh am Morgen!

5 AUFGABE

DECLENSION OF NOUNS (Abwandlung der Hauptwörter)
It is absolutely necessary to learn this chapter thoroughly!

Nominative (der Werfall)
The question you ask is **Who (Wer)**

(*The man is here*)	(*Who is here?*)	(*The man*)
(m) Der Mann ist hier	**Wer** ist hier?	**Der** Mann
(f) Die Frau ist hier	**Wer** ist hier?	**Die** Frau
(n) Das Kind ist hier	**Wer** ist hier?	**Das** Kind

Accusative (der Wenfall or Vierte Fall)
The question you ask is **Whom (Wen)**

(*I see the man*)	(*whom do I see?*)	(*the man*)
(m) Ich sehe **den** Mann	Wen sehe ich?	**Den** Mann
(f) Ich sehe **die** Frau	Wen sehe ich?	**Die** Frau
(n) Ich sehe **das** Kind	Wen sehe ich?	**Das** Kind

Genitive (der Wesfall or Zweite Fall)
The question you ask is **Whose (Wessen)**

(*The house of the man*)	(*Whose house?*)	(*of the man*)
(m) Das Haus **des** Mannes	Wessen Haus?	Des Mannes
(f) Das Haus **der** Frau	Wessen Haus?	Der Frau
(n) Das Haus **des** Kindes	Wessen Haus?	Des Kindes

Dative (der Wemfall or Dritte Fall)
The question you ask is **To Whom (Wem)**

(*I give to the man*)	(*To whom do I give?*)	(*to the man*)
(m) Ich gebe dem Mann	Wem gebe ich?	Dem Mann
(f) Ich gebe der Frau	Wem gebe ich?	Der Frau
(n) Ich gebe dem Kind	Wem gebe ich?	Dem Kind

It might be useful to remember the three important letters: **s, m, n**.
s in the Genitive
m in the Dative
n in the Accusative

DECLENSION OF ARTICLES
Singular

	Masculine	*Feminine*	*Neuter*
NOM.	der Mann	die Frau	das Kind
ACC.	den Mann	die Frau	das Kind
GEN.	des Mannes	der Frau	des Kindes
DAT.	dem Mann	der Frau	dem Kind
NOM.	ein Mann	eine Frau	ein Kind
ACC.	einen Mann	eine Frau	ein Kind
GEN.	eines Mannes	einer Frau	eines Kindes
DAT.	einem Mann	einer Frau	einem Kind

Plural

NOM.	die Männer	die Frauen	die Kinder
ACC.	die Männer	die Frauen	die Kinder
GEN.	der Männer	der Frauen	der Kinder
DAT.	den Männern	den Frauen	den Kindern

DECLENSION OF ADJECTIVES (Abwandlung der Eigenschaftswörter)

Again: learn the endings by heart!!!

Singular

	Masculine	*Feminine*	*Neuter*
NOM.	der gute Mann	die gute Frau	das gute Kind
ACC.	den guten Mann	die gute Frau	das gute Kind
GEN.	des guten Mannes	der guten Frau	des guten Kindes
DAT.	dem guten Mann	der guten Frau	dem guten Kind
NOM.	ein guter Mann	eine gute Frau	ein gutes Kind
ACC.	einen guten Mann	eine gute Frau	ein gutes Kind
GEN.	eines guten Mannes	einer guten Frau	eines guten Kindes
DAT.	einem guten Mann	einer guten Frau	einem guten Kind

Plural

NOM.	die guten Männer	die guten Frauen	die guten Kinder
ACC.	die guten Männer	die guten Frauen	die guten Kinder
GEN.	der guten Männer	der guten Frauen	der guten Kinder
DAT.	den guten Männern	den guten Frauen	den guten Kindern

If you have learned these declensions by heart you have mastered the most difficult part of the German language!!

TRANSLATION EXERCISES

3

Der große Stein. Die schöne Haut. Ein neues Haus. Lange Beine.
Das kalte Wetter. Das kleine Geschäft in einer schmalen Straße.
Der alte Vater. Eine wilde Katze. Wir sind in einer alten Stadt.
Das große Buch ist interessant. Ein strenger Lehrer ist gut. Bin ich
nicht ein freundlicher Mensch? Das grüne Gras. Schöne Mädchen
sind nicht immer dumm. Der junge Mann ist sehr krank. Wie alt ist
dieses kleine Kind? Ein grüner Apfel ist sauer. Das weiche Kissen ist
rot. Ich bin auf einer langen Reise. Ich trinke gerne kalte Milch.
Das englische Bier ist immer warm. Die schwarze Nacht.

4

(Watch the endings—they are most important!)

The brown hat. A drunken soldier. The poor baker. The heavy lead.
An old hut. A hard (boiled) egg. A hot cup (of) tea. The little girl.
The good homes. A large blue coffee cup (f). Are you a tall person?
My yellow pencil is blunt. The young teacher has a new car. The old
woman is very grateful. My big brother has a very expensive watch.
The poor children are in a home. The German language is not very
easy. The smallest country in Europe is San Marino. How old is the
youngest son? Is this the right platform? This is a long stick.

AM PASSAMT

Auskunft (f) (Auskünfte)	inquiry, information
Auskunftsstelle (f) (-n)	inquiry desk
Büro (n) (-s)	office
Formular (n) (-e)	form (to fill in)
Paß (m) (Pässe)	passport
Paßamt (n) (P'ämter)	passport office
Platz (m) (Plätze)	place, seat
per Post	by post
Schreibtisch (m) (-e)	desk
Unterschrift (f) (-en)	signature

brauchen	to need
lassen	to let
sitzen	to sit
unterschreiben	to sign
verlängern	to extend, prolong
zuschicken	to be sent to
dahinter	behind there
dort drüben	over there
durch	through
schon	already
ungefähr	about, roughly
ungültig	not valid, invalid

Im Winter möchte ich gerne nach Deutschland fahren. Mein alter Paß ist schon ungültig und ich brauche einen neuen. Ich gehe zum Paßamt in London. Ach, dort ist die Auskunftsstelle. Drei junge Mädchen sitzen hinter dem großen, breiten Schreibtisch und eines von ihnen sagt: 'Kann ich Ihnen helfen, junger Mann?'

'Ich muß meinen alten Paß verlängern lassen.'

Sehen Sie die blaue Tür dort drüben? Gehen Sie durch und dort sitzt Herr Jones, er wird Ihren alten Paß verlängern.'

'Vielen Dank für die Auskunft.'

In dem kleinen Büro steht ein Schreibtisch und dahinter sitzt Herr Jones.

'Guten Tag, mein Name ist James. David James. Ich möchte meinen alten Paß verlängern lassen.'

'Bitte, nehmen Sie Platz, Herr James.'

Herr Jones nimmt ein Formular aus der Schublade und sagt:

'Füllen Sie das weiße Formular aus, und geben Sie mir den alten Paß. Unterschreiben Sie hier. Den neuen Paß bekommen Sie in ungefähr zwei Wochen per Post zugeschickt.'

'Was, ist das alles?'

'Ja, das ist alles. Auf Wiedersehen, Herr James.'

'Auf Wiedersehen, Herr Jones.'

'Ach, junger Mann, Sie haben doch die Unterschrift vergessen!'

6 AUFGABE

PRESENT TENSE OF 'HABEN'

ich habe	I have	Remember: The words **du** and **ihr** are only used when addressing relatives, close friends, children etc. In all other cases use **Sie**.
du hast	you have	
er hat	he has	
sie hat	she has	
es hat	it has	
wir haben	we have	Note the verb endings, they will be the same when using other verbs: ich gehe, du gehst, ich trinke, du trinkst, er trinkt.
ihr habt	you have	
sie haben	they have	
Sie haben	you have	

Exercise

Conjugate (i.e. Ich habe Hunger, du hast Hunger, etc.)

Ich habe Hunger. Ich habe ein Auto. Ich habe keine Zeit. Habe ich Glück? Habe ich Geduld? Ich habe viel Geld. Habe ich jetzt Ruhe? Ich habe eine Uhr. Ich habe ein Glas.

WORTSCHATZ (Vocabulary)

Hunger (m) (-) hunger, appetite	Schlüssel (m) (-) key
Zeit (f) (-en) time	Handtuch (n) (Handtücher) towel
Geld (n) (-) money	kein no (no money, no rest)
Glück (n) (-) luck, happiness	jetzt now
Geduld (f) (-) patience	schreiben to write
Ruhe (f) (-) rest	geben to give
Fahrkarte (f) (-n) (travel) ticket	
Koffer (m) (-) suitcase	

Note: He, she or it applies to the gender of the noun **only**! Therefore when talking of a dog you must not think of 'it' but of 'he/him' since dog is masculine: **der** Hund

Example

NOM. (*Wer?*)	ACC. (*Wen?*)	DAT. (*Wem?*)
Wo ist der Hund?	Ich habe den Hund	Ich gebe dem Hund. . .
Wo ist **er**?	Ich habe **ihn** (him)	Ich gebe **ihm** (him) . . .

The same rule applies to nouns which are **feminine** or **neuter**.

Feminine

NOM. (*Wer?*)	ACC. (*Wen?*)	DAT. (*Wem?*)
Die Katze ist hier	Ich habe die Katze	Ich gebe der Katze . . .
Sie ist hier	Ich habe **sie** (her)	Ich gebe **ihr** (her) . . .

Neuter

NOM. (*Wer?*)	ACC. (*Wen?*)	DAT. (*Wem?*)
Das Kind ist klug	Ich habe das Kind	Ich schreibe dem Kind
Es ist klug	Ich habe **es** (it)	Ich schreibe **ihm** (him)

Plural for all genders

NOM.	sie	Wo sind die Hunde?	**Sie** sind hier
ACC.	sie	Ich habe die Katzen	Ich habe **sie**
DAT.	ihnen	Ich schreibe den Kindern	Ich schreibe **ihnen**

Ich habe **den** Schlüssel

Du hast **einen** Schlüssel

Er hat **diesen** Schlüssel

Wir haben **ihn**

Habe ich **das** Handtuch?

Hast du **ein** Handtuch?

Hat er **dieses** Handtuch?

Haben sie **es?**

Ich habe **die** Fahrkarte

Du hast **eine** Fahrkarte

Sie hat **diese** Fahrkarte

Ihr habt **sie**

Habe ich **den** Koffer?

Hast du **einen** Koffer?

Hat es **diesen** Koffer?

Haben wir **ihn?**

AUF DEM BAHNHOF

Ausweis (m) (-e)   identity card

Bahnhof (m) (B'höfe)   railway station

D-Zug (m) (D-Züge) (i.e. Durchgangszug)
  through (fast) train, Inter-City

Fahrplan (m) (F'pläne)   time table

Fahrkartenschalter (m) (-)   ticket office

Jugendclub (m) (-s)   youth club

Mitgliedskarte (f) (-n)   membership card

gute Reise (f) (-n)   good journey, trip

Schnellzugszuschlag (m) (Sch'zuschläge)
  Fast train supplement

kaufen   to buy

einfach und   single and
  retour   return

Phrase

ich bin an
  der Reihe   it's my
               turn now

Ich habe endlich meinen Paß erhalten und kann jetzt nach Deutschland fahren. Ich habe mein Geld auf dem Bankkonto und hebe es ab. Ich gehe zum Bahnhof, um die Fahrkarte zu kaufen. Da ist der Fahrkartenschalter. Es warten viele Leute, aber jetzt bin ich an der Reihe.

'Guten Tag, ich möchte eine Fahrkarte nach Hamburg. Ich fahre am 12 Februar, um 13 Uhr 20.'

'Aha, das ist der D-Zug. Haben Sie einen Studentenausweis?' fragt der Mann.

'Nein, aber ich habe die Mitgliedskarte des Jugendclubs. Hier ist sie, bitte. Übrigens, muß ich in Deutschland einen Schnellzugszuschlag bezahlen?'

'Nein, eine Zuschlagskarte brauchen Sie nur bei Inlandsreisen. Wollen Sie eine einfache oder eine Retourfahrkarte haben?'

'Eine einfache, bitte. Ich möchte nämlich von Hamburg weiter nach Österreich fahren ... und haben Sie einen Fahrplan?' fragt David.

'Ja, hier sind Fahrkarte und Fahrplan. Ich wünsche Ihnen eine gute Reise. Auf Wiedersehen.'

'Danke schön. Auf Wiedersehen!'

7 AUFGABE

WORD ORDER (Die Satzstellung)

If a clause begins with an adverb (or an adverbial phrase) the verb and the subject change places:

Let us examine the sentence: Ich bin eigentlich müde.

Actually I am tired.

Ich	(subject)	**becomes**	Eigentlich	(adverb)
bin	(verb)		**bin**	(verb)
eigentlich	(adverb)		**ich**	(subject)
müde	(adjective)		müde	(adjective)

More examples

	becomes	
Ich habe am Freitag Zeit		Am Freitag **habe ich** Zeit
Er ist nicht sehr intelligent		Sehr intelligent **ist er** nicht
Es ist dort		Dort **ist es**
Wir fahren heute nach Köln		Heute **fahren wir** nach Köln
Ihr habt nun alles		Nun **habt ihr** alles

Translation

I have time on Friday. He is not very intelligent. It is there. We are travelling to Cologne today. Now you have everything.

If you ask a question always start with the verb!

Habe ich am Freitag Zeit? **Ist er** nicht sehr intelligent? **Ist es** dort? **Fahren wir** heute nach Köln? **Habt ihr** nun alles? **Bin ich** eigentlich müde?

i.e. **verb + subject + adverb**

Redensarten (Phrases)

Ich **habe** es eilig	I **am** in a hurry
Ich **habe** Angst	I **am** frightened
Ich **habe** Hunger	I **am** hungry
Ich **habe** keine Ruhe	I **have** no rest (or peace)
Ich **habe** keine Ahnung	I **have** no idea

Ich **habe** recht	I **am** right
Ich **habe** es satt	I **am** fed up
Ich **habe** Lust	I should love to . . . I feel like . . .
	(Don't confuse it with the English *lust*)

EXERCISE AND NEW VOCABULARY

Heute fahre ich nach Deutschland, um meinen Freund zu besuchen.	I am travelling to Germany today to visit my friend.
Ich fliege nicht mit dem Flugzeug, sondern fahre mit dem Zug.	I am not travelling by plane but am going by train.
Ich habe Angst vor dem Fliegen und außerdem ist eine Zugfahrt billiger.	I am frightened of flying and besides a train journey is cheaper.
Ich reise mit einer Jugendgruppe.	I am travelling with a youth group.
Zuerst fahren wir mit dem Zug nach Harwich, von dort mit der Fähre nach Holland und dann wieder mit dem Zug nach Hamburg.	First we travel by train to Harwich, from there by ferry to Holland and then again by train to Hamburg.
Die Reise ist lang und ich habe schon großen Hunger.	The journey is long and I am already very hungry.
Ich gehe in den Speisewagen des Zuges.	I am going to the buffet car of the train.
Dort esse ich Brot, deutsche Wurst und Käse und trinke ein Glas Bier.	There I eat bread, German sausage and cheese and drink a glass of beer.
All das ist ziemlich teuer, es kostet genau drei Pfund	All this is fairly expensive, it costs exactly three pounds.

SOME QUESTIONS TO ANSWER

Wohin fahre ich?	Where am I travelling to?
Wen besuche ich?	Whom do I visit?
Fliege ich mit dem Flugzeug?	Am I going by plane?
Mit wem fahre ich?	With whom do I travel?
In welche Stadt fahren wir?	Which town are we travelling to?
Ist es eine kurze Reise?	Is it a short journey?
Wo esse ich im Zug?	Where do I eat on the train?

Was esse ich?	What am I eating?
Was trinke ich?	What am I drinking?
Wieviel kostet das?	How much does it cost?

Note the various translations of: to travel: fahren, reisen.
to drive: fahren.

8 AUFGABE

PRESENT TENSE OF VERBS (Zeitwörter)

ich liebe	I	love	**Important**
du liebst	you	love	A verb consists of **stem** and **ending**:
er liebt	he	loves	lieb-en
sie liebt	she	loves	When conjugating simply add the
es liebt	it	loves	ending to the stem:
			(**ich** always takes the ending e:)
wir lieben	we	love	ich lieb-**e**
ihr liebt	you	love	du lieb-**st**
sie lieben	they	love	er lieb-**t**
Sie lieben	you	love	wir lieb-**en**, etc.

These endings **must** be learned carefully: in English it is wrong to say:
I loves, he love, and the same applies in German: with **ich** the verb
has the ending e, with **du** -**st** (**est**), with **er**, **sie**, and **es** -**t**, etc.

In German there is no difference between **I love** and **I am loving**. The
interrogative form is also very simple: whilst in English we use **do** or
does the Germans always start with the verb:

Examples

Do I love?	liebe ich?	(Literally: love I?)
Does he write?	schreibt er?	(writes he?)
Do we eat?	essen wir?	(eat we?)

This also applies to the **negative** form—instead of using **do** or **does** the
Germans simply say: I love not, he writes not, we eat not.

Examples

I do not love	ich liebe nicht
he doesn't write	er schreibt nicht
we do not eat	wir essen nicht

Interrogative: liebe ich nicht?
schreibt er nicht?
essen wir nicht?

Some verbs change vowel

sprechen	*nehmen*	*sehen*	*fahren*
to speak	*to take*	*to see*	*to drive, to travel*
ich spreche	ich nehme	ich sehe	ich fahre
du sprichst	du nimmst	du siehst	du fährst
er spricht	er nimmt	er sieht	er fährt
sie spricht	sie nimmt	sie sieht	sie fährt
es spricht	es nimmt	es sieht	es fährt
wir sprechen	wir nehmen	wir sehen	wir fahren
ihr sprecht	ihr nehmt	ihr seht	ihr fahrt
sie sprechen	sie nehmen	sie sehen	sie fahren
Sie sprechen	Sie nehmen	Sie sehen	Sie fahren

When using the **du-form** and when the stem ends in **d, t, m** or **n** an extra
-e is put in before the -st:

arbeiten	to work	du arbeit-est
landen	to land	du land-est
atmen	to breathe	du atm-est (except kommen, to come
		du komm-st)
öffnen	to open	du öffn-est

but if the stem ends in **s, z** or **sch** simply leave out the **s**:

tanzen	to dance	du tanzt
reisen	to travel	du reist
lesen	to read	du liest

Imperative use the formal address inverted, and add an exclamation
mark:

Sie kommen	you are coming	**becomes**	Kommen Sie! Come!
Sie schreiben	you are writing		Schreiben Sie! Write!

More verbs

kaufen	to buy	ich kaufe, er kauft
verkaufen	to sell	ich verkaufe, er verkauft
laufen	to run	ich laufe, er läuft
halten	to hold	ich halte, er hält
finden	to find	ich finde, er findet

suchen	to seek/look for	ich suche, er sucht
bringen	to bring	ich bringe, er bringt
warten	to wait	ich warte, er wartet
treffen	to meet	ich treffe, er trifft
zahlen	to pay	ich zahle, er zahlt
stellen	to put	ich stelle, er stellt
bestellen	to order	ich bestelle, er bestellt
waschen	to wash	ich wasche, er wascht
rauchen	to smoke	ich rauche, er raucht
schließen	to close	ich schließe, er schließt
senden ⎱ schicken ⎰	to send	ich sende, er sendet ich schicke, er schickt
stehen	to stand	ich stehe, er steht

SEPARABLE AND INSEPARABLE VERBS

Many verbs have prefixes. Some of these can be separated and some can't be separated from the root verb.

Separable verbs

The separable prefix bears the stress and stands at the **end** of the clause:

anrufen ⎱ an-   prefix   ⎱ Ich *rufe* heute *an*   I'm ringing today
          ⎰ -rufen   root verb ⎰

In a subordinate clause the separable prefix and the verb are reunited at the end:

. . . , wenn ich *anrufe*   . . . , when (or if) I ring

an	ankommen	to arrive	ich komme an
an	annehmen	to accept/assume	du nimmst an
auf	aufmachen	to open (up)	er macht auf
mit	mitkommen	to come along	sie kommt mit
zu	zusehen	to watch	es sieht zu
zurück	zurückfahren	to go back/drive back	wir fahren zurück
ab	abreisen	to leave/depart	ihr reist ab
vor	vorschlagen	to suggest	sie schlagen vor

Examples

Wann **kommen** Sie **an?**   When do you arrive?
Ich **nehme an,** er kommt heute   I assume he's coming today

Ich **nehme** Ihren Vorschlag **an**	I accept your suggestion
Er **macht** das Geschäft **auf**	He opens the shop
Ich **komme** nicht in die Stadt **mit**	I'm not coming (along) into town
Wir **sehen** dem Lehrer **zu**	We're watching the teacher
Er **fährt** mit dem Zug **zurück**	He's going back by train
Reisen Sie jetzt schon **ab?**	Are you leaving already?
Ich **schlage vor**, morgen **abzureisen**	I suggest leaving tomorrow

Inseparable verbs

The root verb bears the stress. The prefix **cannot** be separated from the root verb.

behalten   Ich behalte das Geschenk   I keep (am keeping) the present (gift)

be-   prefix, that cannot be separated
halten   root verb

er	erreichen	to reach/contact	ich erreiche Sie
be	bekommen	to receive/get	du bekommst den Brief
ver	verreisen	to go away/set out	er verreist morgen
ent	entscheiden	to decide	sie entscheidet alles
ge	gefallen	to please/like	es gefällt ihm
emp	empfehlen	to recommend	wir empfehlen es
zer	zerbrechen	to break	ihr zerbrecht das Fenster
miß	mißfallen	to displease/dislike	sie mißfallen ihr

Examples

Wann kann ich Sie erreichen?	When can I contact you?
Wo bekomme ich eine Fahrkarte?	Where do I get a ticket?
Ich verreise nächste Woche	I'm going away next week
Es ist schwer, sich zu entscheiden	It's difficult to decide
Das gefällt mir	I like that (that pleases me)
Ich kann das Restaurant empfehlen	I can recommend this restaurant
Zerbrechen Sie nicht das Glas	Don't break the glass
Die Entscheidung mißfällt mir	I don't like the decision
(but talking about a person:	(The decision displeases me)
Sie mißfallen mir)	I don't like you (you displease me)

Separable/inseparable verbs

Only a few prefixes can be used separably or inseparably. The stress alters accordingly.

durch	durchstreichen (to cross out)	durchdenken	(to think through/about)
über	übersetzen (to set/ferry over)	übersetzen	(to translate)
unter	unterbringen (to accommodate)	unterhalten	(to entertain)
um	umsteigen (to change trains)	umgehen	(to avoid)

ANKUNFT IN DEUTSCHLAND

Endlich kommen wir in Hamburg an.	At last we (have) arrive(d) in Hamburg.
Es ist schon spät und es ist dunkel.	It's already late and it's dark.
Ich bin sehr müde von dieser langen Reise.	I'm very tired from that long journey.
Aber Peter wartet schon auf dem Hauptbahnhof.	But Peter is already waiting at the central station.
Seine Mutter ist auch da, leider ist Peters Vater auf einer Geschäftsreise und kann deshalb nicht kommen.	His mother is also there, unfortunately Peter's father is on a business trip and therefore can't come.
Peter nimmt meinen schweren Koffer und wir gehen zu dem Auto.	Peter takes my heavy case and we walk to the car.
Die Familie Wallner hat zwei Autos; ein Firmenauto und ein Privatauto.	The Wallner family has two cars; a company car and a private car.
Wir fahren jetzt nach Hause.	We are now going (driving) home.
Peters Eltern haben ein schönes Haus und einen großen Garten.	Peter's parents have a beautiful house and a large garden.
Sie haben auch einen Schäferhund, mit dem Namen Lando.	They also have an alsatian by the name of Lando.
Frau Wallner öffnet die Haustür.	Mrs Wallner opens the front door.
Etwas später:	*A little bit later:*
Während Peters Mutter Kaffee macht, dreht Peter das Radio an und wir hören die englischen Nachrichten.	While Peter's mother makes the coffee Peter turns on the radio and we listen to the English news.

Der Kaffee ist nun fertig, wir trinken ihn und sprechen über dies und das.	The coffee is ready now, we drink it and talk about this and that.
Aber jetzt ist es Zeit, ins Bett zu gehen.	But now it's time to go to bed.
Wir können ja morgen weitersprechen.	We can carry on talking tomorrow.
Frau Wallner bringt mich in das Gästezimmer und ich sage 'Gute Nacht'.	Mrs Wallner takes me to the guest room and I say 'good night'.

TRANSLATION EXERCISE

5

Ich nehme mein Glas. Wir arbeiten sehr hart. Das Flugzeug landet bald. Ich habe großen Hunger. Ich schicke den Brief nach Hamburg. Bitte senden Sie die Fahrkarten. Ich möchte ein Glas Bier. Der Kaffee ist sehr teuer. Wir fahren morgen nach England. Ich bestelle den Käse und die Wurst. Bitte schreiben Sie bald. Ich komme morgen an. Fahren Sie nicht mit dem Zug? Nein, ich fliege mit dem Flugzeug zurück. Übersetzen Sie den Brief, bitte. Wo ist das Auto? Meine Eltern haben ein Geschäft. Mein Vater ist auf einer Geschäftsreise. Wir fahren nicht mit dem Zug, wir fahren mit dem Auto. Öffnen Sie die Tür! Haben Sie mein Buch? Meine Eltern sind noch jung. Können wir morgen zurückfahren? Mein Freund hört immer die deutschen Nachrichten. Ich habe morgen eine Deutschstunde. London ist die größte Stadt Großbritanniens. Je schneller das Auto fährt, desto besser. Sie sprechen ausgezeichnet Deutsch! Sie leben sehr gefährlich. Wann kommen Sie an? Wer ist diese Frau? Wo ist Bahnsteig 3? Haben Sie mein Handtuch? Nein, ich habe es nicht, es ist im Koffer. Wann essen wir? Ich lese gerne gute Bücher. Wo kann ich Sie morgen erreichen? Ich steige in Wien um. Es ist Zeit, ins Bett zu gehen. Ich sehe Sie morgen wieder.

9 AUFGABE

PERSONAL PRONOUNS

Pronouns are common in the Nominative, Accusative and Dative only!
Prepositions govern a case as will be explained later.

NOM		ACC		DAT	
ich	I	mich	me	mir	to me
du	you	dich	you	dir	to you
er	he	ihn	him, it	ihm	to him
sie	she	sie	her, it	ihr	to her
es	it	es	it	ihm	to it
wir	we	uns	us	uns	to us
ihr	you	euch	you	euch	to you
sie	they	sie	them	ihnen	to them
Sie	you	Sie	you	Ihnen	to you

Examples

Ich gebe es Ihnen	I give it to you
Das Buch ist für dich	This book is for you
Das Geld ist für ihn	This money is for him
Geben Sie es ihr!	Give it to her!
Kommen Sie zu uns?	Are you coming to us?
Ich frage Sie	I'm asking you
Das ist für Sie	This is for you
Das ist für Sie, nicht für mich	This is for you, not for me
Er gibt es ihm	He gives it to him
Sie besucht mich	She visits me
Antworten Sie mir!	Answer me!
Ich sehe dich	I see you
Siehst du mich?	Do you see me?
Ich treffe Sie	I'm meeting you
Ich treffe sie nicht	I'm not meeting her
Ich trinke ihn (den Kaffee)	I drink it
Schreiben Sie mir!	Write to me!
Ich bringe es Ihnen	I bring it to you

ICH RUFE MEINE MUTTER AN

D   David (the caller)
T   telephone operator
M   David's mother

D   Hallo, ich möchte gerne ein
Gespräch nach London
anmelden.

T   Ihre Nummer, bitte?

D   Meine Nummer ist 23456.

T   Wie ist die Londoner Nummer?

D   London 699 0405.

T   Bitte, legen Sie den Hörer auf.
Ich rufe Sie gleich züruck.

*Nach zehn Minuten läutet das
Telefon:*

T   Ist dort 23456?

D   Ja, hier ist 23456.

T   Leider sind alle Leitungen nach
England besetzt. Ich rufe Sie
zurück.

Das Telefon läutet wieder:

D   (antwortet) 23456

T   Augenblick bitte, ich versuche,
Sie zu verbinden . . . . Bitte,
sprechen Sie.

D   Danke schön . . . hallo, Mutter,
hier ist David. Wie geht es
dir?

M   Hallo, David, ich habe schon
auf deinen Anruf gewartet.
Ist alles in Ordnung?

D   Ja, Mutter. Peter und seine
Mutter haben mich vom Bahnhof
abgeholt. Ich bin schrecklich
aufgeregt. Die Leute hier sind
sehr nett. Aber ich muß jetzt
aufhören. Ein Gespräch nach
England ist nicht gerade billig.

D   Hallo, I'd like to book a
call to London.

T   Your number, please?

D   My number is 23456.

T   What is the London number?

D   London 699 0405.

T   Please replace the receiver.
I'll call you back in a
moment.

*After ten minutes the phone
rings:*

T   Is that (there) 23456?

D   Yes, this (here) is 23456.

T   Unfortunately all lines to
England are engaged. I'll
call you back.

The phone rings again:

D   (answers) 23456

T   Just a moment please, I'm
trying to connect you . . . .
Go ahead please.

D   Thank you very much . . .
hallo, mother, David here.
How are you?

M   Hallo David, I've been
waiting for you to ring me.
Is everything all right?

D   Yes, mother. Peter and his
mother have picked me up
from the station. I'm
terribly excited. The
people here are very nice.
But I must stop (talking)
now. A call to England
isn't exactly cheap.

M	Ja, also David, gib acht auf dich und schreibe bald. Dein Vater läßt dich grüßen. Alles Gute dann . . . und danke für den Anruf.	M	Yes, okay David, take care and write soon. Your father sends his regards. All the best then . . . and thank you for ringing me.

New nouns and their plurals   *Note:* Separable verbs

Anruf (m) (-e) 'phone call
Gespräch (n) (-e) call, conversation
Hörer (m) (-) receiver, listener
Leitung (f) (-en) line ('phone circuit)
Nummer (f) (-n) number

achtgeben   to take care
aufhören   to stop, finish
aufregen   to be excited

10   AUFGABE

POSSESSIVE ADJECTIVES (Besitzanzeigende Eigenschaftswörter)

mein	my	unser	our
dein	your	euer	your
sein	his	ihr	their
ihr	her		
sein	its	Ihr	your

These possessive adjectives are declined like **ein** and **kein**. (i.e. **ein** guter Freund, **kein** guter Freund, **mein** guter Freund, **eine** neue Tasche, **keine** neue Tasche, **Ihre** neue Tasche, etc.)

DECLENSION OF POSSESSIVE ADJECTIVES

Singular

	(*m*)	(*f*)	(*n*)
NOM.	mein Freund	meine Schwester	mein Buch
ACC.	meinen Freund	meine Schwester	mein Buch
GEN.	meines Freundes	meiner Schwester	meines Buches
DAT.	meinem Freund	meiner Schwester	meinem Buch

Plural

NOM.	meine Freunde	meine Schwestern	meine Bücher
ACC.	meine Freunde	meine Schwestern	meine Bücher
GEN.	meiner Freunde	meiner Schwestern	meiner Bücher
DAT.	meinen Freunden	meinen Schwestern	meinen Büchern

The other adjectives decline the same way:

dein Freund,	deine Schwester,	dein Buch etc.
sein Freund,	seine Schwester,	sein Buch etc.
ihr Freund,	ihre Schwester,	ihr Buch etc.
unser Freund,	unsere Schwester,	unser Buch etc.
euer Freund,	eu(e)re Schwester,	euer Buch etc.
ihr Freund,	ihre Schwester,	ihr Buch etc.
Ihr Freund,	Ihre Schwester,	Ihr Buch etc.

TRANSLATION EXERCISES

6

Dein Vater läßt dich grüßen. Das Haus meiner Schwester. Ich rufe meine Eltern an. Kennen Sie meinen Vater? Das ist nicht sein Buch. Entschuldigen Sie, ist das Ihr Auto? Nein, das ist das Auto meiner Frau. Unsere Tante wohnt in Wien. Diese Frau ist meine Schwester, Frau Brown. Ist mein Mann hier? Ist das nicht Ihr Kugelschreiber? Er spricht mit seinen Eltern. Ich schreibe ihrem Freund. Haben Sie unsere Fahrkarten?

7

Where is my husband? This is my teacher. Our telephone is ringing. Your father is not here. My name is Smith. This is my friend. Yes, I see her. Is this your new car? Her dress is very nice. Take (you) care of my books. Here is your coffee. What is your number? I'll ring you back. I am connecting you. Write (you) to me and my brother. Drink (you) my coffee, it tastes nice. I can't answer him. She meets her friend. Cross (you) that out! Can you accommodate them? When can I contact you? His (girl) friend is also my friend.

11 AUFGABE

PREPOSITIONS

Prepositions govern cases and there are four parts: Part 1 governs the accusative, Part 2 the dative, Part 3 the accusative and dative and Part 4 the genitive case.

Part 1 (accusative)

bis	until
durch	through
für	for
gegen	against
ohne	without
um	at, around
entlang	along (follows the noun)

Examples

Ich warte **bis** nächsten Monat	I am waiting until next month
Sie geht **durch das** Haus	She walks through the house
Der Brief ist **für Sie,** nicht **für mich**	This letter is for you, not for me
Ich bin **gegen den** Vorschlag	I'm against the suggestion
Das kann ich **ohne Sie** nicht tun	I can't do this without you
Kommen Sie **um** vier Uhr	Come at four o'clock
Gehen Sie **um das** Haus	Walk around (outside) the house
Wir fahren **die** Hauptstraße **entlang**	We are driving along the main road

Part 2 (dative)

mit	with	**zu**	to
nach	after, to	**bis zu**	as far as
von	from, of	**seit**	since, for
aus	out of, from	**gegenüber**	opposite
bei	at, with		

Examples

Ich bin fertig **mit** meiner Arbeit	I'm finished with (have finished) my work

Er raucht eine Zigarette **nach dem** Essen	He smokes a cigarette after the meal
Wir fahren **nach** Berlin	We are going to Berlin
Das ist ein Freund **von mir**	This is a friend of mine
Von wem ist der Brief?	Who is the letter from?
Sie kommt **aus** ihrem Garten	She comes out of her garden
Ich komme **aus** Österreich	I come from Austria
Er war **bei mir**	He was at my place (with me)
Sie können **bei uns** bleiben	You can stay with us
Ich komme **zu** Ihnen	I'm coming to (see) you
Ich fahre nur **bis zum** Bahnhof	I'm only driving as far as the station
Ich warte schon **seit** Montag	I've been waiting since Monday
Ich warte **seit** drei Tagen auf Sie	I've been waiting for you for three days
Er sitzt **mir gegenüber**	He sits opposite me
Er wohnt **gegenüber der** Haltestelle	He lives opposite the bus stop

Part 3 (accusative and dative)

an	on	**über**	over, across, above
auf	on	**unter**	under, below
hinter	behind	**vor**	before, in front of
in	in, into	**zwischen**	between
neben	next to		

Rule: If the preposition implies **motion towards** a place it governs the accusative. It answers the question: Wohin? (where to?)

If the preposition implies a **position** or **motion in a place** it governs the dative and it answers the question: Wo? (Where?)

Examples

Ich hänge es **an die** Wand	I hang it on the wall
Es hängt **an der** Wand	It is (hanging) on the wall
Ich lege es **auf den** Tisch	I put it on the table
Es ist **auf dem** Tisch	It is on the table
Er stellt es **hinter die** Tür	He puts it behind the door
Er steht **hinter der** Tür	He is standing behind the door
Ich gehe **in das** Wasser	I'm going into the water
Ich bin **in dem** Wasser	I'm in the water

Er setzt sich **neben mich**	He places himself (sits) next to me
Er sitzt **neben mir**	He is sitting next to me
Sie geht **über die** Straße	She goes across the street
Die Familie wohnt **über mir**	The family lives above (me)
Ich lege es **unter den** Stuhl	I put it under the chair
Meine Tasche steht **unter dem** Stuhl	My bag is under the chair
Ich gehe **vor das** Haus	I'm going in front of the house
Er verläßt das Haus **vor mir**	He leaves the house before me
Es fällt **zwischen die** Bäume	It falls between the trees
Er schläft **zwischen den** Bäumen	He sleeps between the trees

Part 4 (genitive)

anstatt or **statt**	instead of
innerhalb	inside, within
außerhalb	outside
während	during, while
wegen	because of
trotz	in spite of

Examples

Ich komme heute **statt** morgen	I'm coming today instead of tomorrow
Er wird **innerhalb** einer Stunde hier sein	He'll be here within an hour
Ich wohne **außerhalb der** Stadt	I live out (side) of town
Er war **während des** Krieges in Deutschland	He was in Germany during the war
Die Straße ist **wegen** schlechten Wetters gesperrt	The road is closed because of bad weather
Er kam **trotz des** Regens	He came in spite of the rain

Da- with prepositions

Prepositions may be used with nouns and pronouns:

Ich arbeite **mit** meiner Kollegin	I'm working with my colleague
Ich arbeite **mit ihr**	I'm working with her
Ich bin **mit der** Arbeit fertig	I'm finished with (I have finished) the work

Ich bin **da**mit fertig	I'm finished with it
Ich bezahle **für das** Essen	I'm paying for the meal
Ich bezahle **da**für	I'm paying for it
Ich bin **gegen den** Vorschlag	I'm against the suggestion
Ich bin **da**gegen	I'm against it

More prepositions used with da

dabei, dadurch, danach, daraus, darum, davon, dazu, dazwischen

Word order with prepositions

If a sentence starts with a preposition or a prepositional phrase inversion takes place:

Mit meiner Arbeit bin ich fertig
Nach dem Essen rauche ich eine Zigarette
Bis morgen kann ich warten
Ohne Sie kann ich nicht gehen
Neben mir sitzt eine Frau
Auf dem Tisch liegt mein Buch
Dagegen bin ich eigentlich nicht
Danach gehen wir aus
Damit ist er fertig
Danach kam er zu mir

Contraction of preposition and article

Just as the English contract *do not* into *don't*, the Germans contract their prepositions and their articles into one word:

an dem	am		von dem	vom
in dem	im		zu dem	zum
bei dem	beim		zu der	zur

DAVID FÄHRT IN DIE STADT

Gespräch (n) (-e)	discussion, talk	abbiegen	to turn off
Kreuzung (f) (-en)	crossroads	anhalten	to stop
Urlaub (m) (-e)	holiday	bleiben	to stay
		verlassen	to leave
		scheinen (es scheint)	it seems

Nach dem Telefongespräch mit seiner Mutter, verläßt David das Haus. Er möchte in die Stadt fahren. Er hält einen Mann auf der Straße an und fragt: 'Wie komme ich zur Untergrundstation, bitte?'

'Gehen Sie die Straße entlang, bis Sie zur Kreuzung kommen, dann biegen Sie rechts ab und dort ist die U-Bahn.'

'Vielen Dank,' antwortet David.

'Sagen Sie, junger Mann, von wo kommen Sie denn, Sie sind doch kein Deutscher?'

'Ich komme aus England.'

'Wie lange sind Sie denn schon hier?' fragt der Mann.

'Oh, erst seit gestern. Ich bleibe aber für drei Wochen und fahre dann weiter nach Österreich.'

'Waren Sie schon einmal in Deutschland?'

'Nein, ich bin zum ersten Mal hier. Ich wohne bei Familie Wallner.'

'Ach ja, sehr nette Familie. Ich muß schon sagen, Ihr Deutsch ist ausgezeichnet. Wie lange lernen Sie denn schon?'

'Schon mehrere Jahre. Deutsch ist eine ziemlich schwere Sprache.'

'Deutsch scheint viel schwieriger, als es wirklich ist. Also, ich will Sie nicht aufhalten. Sie wollen ja in die Stadt fahren, nicht? Ich hoffe, Sie haben einen schönen Urlaub. Auf Wiedersehen.'

'Auf Wiedersehen.'

12 AUFGABE

NUMBERS

Cardinals (Kardinalzahlen)

1 eins	12 zwölf	23 dreiundzwanzig
2 zwei	13 dreizehn	24 vierundzwanzig
3 drei	14 vierzehn	25 fünfundzwanzig
4 vier	15 fünfzehn	26 sechsundzwanzig
5 fünf	16 sechzehn	27 siebenundzwanzig
6 sechs	17 siebzehn	28 achtundzwanzig
7 sieben	18 achtzehn	29 neunundzwanzig
8 acht	19 neunzehn	30 dreißig
9 neun	20 zwanzig	31 einunddreißig
10 zehn	21 einundzwanzig	etc.
11 elf	22 zweiundzwanzig	40 vierzig

50 fünfzig	130 hundertdreißig
60 sechzig	131 hunderteinunddreißig
70 siebzig	etc.
80 achtzig	200 zweihundert
90 neunzig	300 dreihundert
100 hundert	etc.
(einhundert)	1,000 tausend (eintausend)
101 hunderteins	1,001 tausendeins
102 hundertzwei	1,100 tausendeinhundert
etc.	2,000 zweitausend
110 hundertzehn	10,000 zehntausend
120 hundertzwanzig	1,000,000 eine Million
121 hunderteinundzwanzig	
etc.	

It is also common to say 'elfhundert' (eleven hundred) instead of tausendeinhundert, etc.

1973   neunzehnhundertdreiundsiebzig *or*
1985   tausendneunhundertfünfundachtzig

19.73   reads 19 comma 73
The comma in German is equivalent to the decimal point.

Fractions

Fractions are formed by adding **-tel** to the numeral:
$\frac{1}{3}$ ein Drittel
$\frac{1}{4}$ ein Viertel
$\frac{1}{8}$ ein Achtel
$\frac{3}{4}$ dreiviertel
    etc.

For fractions over zwanzig you add **-stel**
$\frac{1}{20}$ ein Zwanzigstel
$\frac{1}{100}$ ein Hundertstel

$\frac{1}{2}$ halb (die Hälfte) $1\frac{1}{2}$ eineinhalb or anderthalb

Ordinals (Ordinalzahlen)

They can either be masculine, feminine or neuter.

1st	der Erste	5th	der Fünfte
2nd	der Zweite	6th	der Sechste
3rd	der Dritte	7th	der Siebente
4th	der Vierte	8th	der Achte

9th	der Neunte	15th	der Fünfzehnte
10th	der Zehnte	16th	der Sechzehnte
11th	der Elfte	17th	der Siebzehnte
12th	der Zwölfte	18th	der Achtzehnte
13th	der Dreizehnte	19th	der Neunzehnte
14th	der Vierzehnte	20th	der Zwanzigste
		above zwanzig you add **-ste**	

Examples

Den Wievielten haben wir heute?	Heute haben wir den Zwanzigsten
Der Wievielte ist heute?	Heute ist der Siebzehnte
Welches Datum haben wir heute?	Heute haben wir den Ersten

Tag (m) (-e)   day
Woche (f) (-n)   week
Monat (m) (-e)   month
Jahr (n) (-e)   year

Days (m)	*Months* (m)	*Seasons* (m)	
Montag	Januar	Frühling	spring
Dienstag	Februar	Sommer	summer
Mittwoch	März	Herbst	autumn
Donnerstag	April	Winter	winter
Freitag	Mai		
Samstag (or Sonnabend)	Juni		
Sonntag	Juli		
	August		
	September		
	Oktober		
	November		
	Dezember		

Examples

Heute ist Montag, **der** 20 Mai. Ich komme **am** 12 Februar. Wir gehen **am** 3 März ins Theater. Er fährt **am** 27 August nach Italien.

Feiertage		**Points of the compass**	
Heiliger Abend	Christmas Eve	der Norden	North
1. Weihnachtstag	Christmas Day	der Süden	South
2. Weihnachtstag	Boxing Day	der Osten	East
Weihnachten	Christmas	der Westen	West
Neujahrstag	New Year's Day	nördlich	north of
Ostern	Easter	südlich	south of
Pfingsten	Whitsun	östlich	east of
		westlich	west of

Die Zeit (time)

Wie spät ist es?
Wieviel Uhr ist es? } What's the time?

Es ist ein Uhr	It's one o'clock
Es ist 10 Minuten nach eins	It's 10 minutes past one
Es ist Viertel nach eins	It's a quarter past one
Es ist 20 Minuten nach drei	It's 20 minutes past three
Es ist halb vier*	It's half past three
Es ist vier Uhr	It's four o'clock
Es ist 25 Minuten vor acht	It's 25 minutes to eight
Es ist 19 Minuten vor zehn	It's 19 minutes to ten
Es ist Viertel vor neun	It's a quarter to nine
Es ist zehn Minuten vor sechs	It's ten minutes to six
Es ist sechs Uhr	It's six o'clock

In Süddeutschland und Österreich sagt man auch:

Es ist Viertel zehn	It's a quarter past nine
Es ist Dreiviertel elf	It's a quarter to eleven

Exercise

Es ist jetzt genau vier Uhr	It's exactly four o'clock now
Jetzt ist es fast drei Uhr	It's almost three o'clock now
Ist es schon eins?	Is it one o'clock already?
Es ist erst 20 Minuten vor elf	It's only 20 minutes to eleven
Ich gehe um drei Uhr	I'm going at three o'clock
Um wieviel Uhr kommen Sie?	At what time are you coming?
Ich komme um ungefähr fünf Uhr	I'm coming at about five o'clock
Es ist nicht ganz halb drei	It's not quite half past two

Uhr	(f) (-en)	o'clock, clock, watch
Zeit	(f) (-en)	time
Stunde	(f) (-n)	hour, lesson (die Deutschstunde the German lesson)
Minute	(f) (-n)	minute
Sekunde	(f) (-n)	second

man	one (In Southern Germany and Austria one says . . .)
jetzt	now
fast	almost
schon	already
erst	only
ungefähr	about
ganz	quite (whole)

* Remember that *halb vier* is half an hour *to four*.

Zwei Hälften machen zwar ein Ganzes, aber merk:
Aus halb und halb getan, entsteht kein ganzes Werk.

(Friedrich Rückert)

EXPRESSIONS OF TIME

a fortnight ago	vor vierzehn Tagen
a week ago	vor einer Woche
after a time	nach einiger Zeit
after a while	nach einer Weile
after two years	nach zwei Jahren
all day	den ganzen Tag lang/hindurch
all the time	die ganze Zeit
another time	ein anderes Mal, ein andermal
at any time	zu jeder Zeit, jederzeit
at dawn, daybreak	beim Sonnenaufgang, Tagesanbruch
at midday	mittags, zu Mittag, um Mittag
at midnight	um Mitternacht
at the moment	in diesem Augenblick/Moment
at that time	zu dieser Zeit, damals
at the right moment	im richtigen Augenblick/Moment
at the same time	zur gleichen Zeit, gleichzeitig
at the time of	zur Zeit des
at this time of the year	zu dieser Jahreszeit
day by day	Tag für Tag, Tag um Tag
day in, day out	tagein, tagaus
during the day	tagsüber, während des Tages
during the night	nachts, während der Nacht, in der Nacht
every day	jeden Tag, täglich
every time	jedes Mal, jedesmal
for a long time	seit langem, für eine lange Zeit
for a short time	für eine kurze Zeit
for the first time	zum ersten Mal, zum erstenmal
for the last time	zum letzten Mal, zum letztenmal
for the time being	vorläufig, einstweilen
from now on	von nun an, von jetzt an
in a few days	in einigen Tagen, in ein paar Tagen
in a moment	in einem Moment/Augenblick
in the next moment	im nächsten Moment/Augenblick
in time (of arrival)	rechtzeitig
in time (in the course of)	mit der Zeit
it's about time	es wird langsam Zeit
it's high time	es ist höchste Zeit

just a moment	einen Moment/Augenblick
last night (evening)	gestern abend
last night (night hours)	gestern nacht
last time	letztes Mal
on the following day	am nächsten Tag, am folgenden Tag
on the next day	am Tag darauf,
on the day after	am nächsten Tag, am Tag darauf
on this, that day	an diesem Tag, an jenem Tag
on the night of 2 April	in der Nacht zum 2 April
one day	eines Tages
one night	eines Nachts
once upon a time	es war einmal
several times	mehrere Male, mehrmals, einige Male
since the last time	seit dem letzten Mal
some time ago	vor einiger Zeit
sometimes	manchmal
the day before yesterday	vorgestern
the day after tomorrow	übermorgen
the next time	das nächste Mal, das nächstemal
the whole time	die ganze Zeit
the whole day	den ganzen Tag lang/hindurch
this morning	heute morgen, heute früh
this time	dieses Mal, diesmal
to this day	bis heute, bis zu diesem Tag
tomorrow	morgen
tomorrow morning	morgen früh
tonight (evening)	heute abend
tonight (night hours)	heute nacht
throughout the day	den ganzen Tag lang/hindurch

ZUNGENBRECHER (tongue twisters)

Esel essen Nesseln nicht,
Nesseln essen Esel nicht.

Fischers Fritze fischt frische Fische,
frische Fische fischt Fischers Fritze.

Wir Wiener Wäscheweiber würden weiße Wäsche waschen,
wenn wir wüßten, wo warmes, weiches Wasser wär'.

Bierbrauer brauen braunes Bier.

Der Mondschein schien schon schön.

Wenn mancher Mann wüßte, wer mancher Mann wär',
gäb' mancher Mann manchem Mann manchmal mehr Ehr.

TRANSLATION EXERCISES

8

Kann ich ein viertel Kilo Butter haben? Der erste Mensch auf dem Mond war Neil Armstrong. Ich möchte gern ein Achtel Wein. (ein Achtelliter) Kommen Sie nun am Mittwoch oder am Donnerstag? Um wieviel Uhr kommt denn der Zug an? Ich glaube, um zwei Uhr sechzehn. Wann fliegen Sie nach Italien? Am Sonntag, dem siebenten April. Ich fliege um vier Uhr von London ab und komme um sieben Uhr zwanzig in Rom an. Wir fahren zu Ostern nach Frankreich. Wie alt ist Ihre Tochter? Sie ist noch ziemlich jung, sie ist erst 9 Jahre alt. Ein Drittel des Buches ist fertig. Der Wievielte ist denn heute? Heute ist Mittwoch, der dritte Januar. Im Juli fahren wir alle nach Hause. Wie war denn Weihnachten? Es war wirklich schön. Welches Datum ist am Sonntag? Das weiß ich im Augenblick nicht. Kann ich Ihnen jetzt helfen? Nein, danke, nicht jetzt, aber kommen Sie am Donnerstag, um halb zwei. In anderthalb Wochen komme ich zurück. Wann fahren Sie auf Urlaub? Wahrscheinlich Mitte Juli.

9

Would you like a quarter (of a) kilo or would you like half a kilo? I would like a kilo (of) apples. The spring time is the most beautiful time of the year, I think. My parents are coming on the 6th of August. We're going back to work on Monday. What's the time, please? It's about 7 o'clock now. No, I want to know (it) exactly. It's exactiy 5 minutes past seven. At what time does the train leave? It leaves at eleven minutes to six. It's almost a quarter past three. I'm flying to Brussels on Thursday. Which date is that? It's the twentieth of December. I have the other half. Is it already ten o'clock? No, it's not quite half past nine. In one hour we have a German lesson. We have a German lesson every day. Do you have my watch? Isn't it almost four o'clock?

DAVID IST IN DER STADT

das Große Feuer	the Great Fire	aussteigen	to alight, get out
Einkauf (m) (Einkäufe)	purchase, buy	beginnen	to begin, start
Kaufhaus (n) (K'häuser)	store	denken	to think
Rathaus (n) (R'häuser)	town hall	erledigen	to do, settle
Schaufenster (n) (-)	shop window	lesen	to read

Winterschlußverkauf (m) (-)	winter sale	reduzieren	to reduce
		spazieren	to walk
		weitergehen	to carry on walking
andermal	another time		
das stimmt	that's right	zerstören	to destroy

David hat die U-Bahnstation gefunden und möchte jetzt in die Stadt fahren. Er geht zum Fahrkartenschalter.

'Ich möchte gerne eine Fahrkarte bis . . . bis . . . jetzt habe ich den Namen vergessen.'

'Wohin wollen Sie?'

'Ich möchte ein paar Einkäufe machen und mir das Rathaus ansehen.'

'Da fahren Sie am besten bis Rödingsmarkt, dort können Sie Ihre Einkäufe erledigen und das Rathaus ist nicht weit von dort.'

'Ja, stimmt, das war der Name, Rödingsmarkt. Muß ich umsteigen?'

'Nein, Sie kommen direkt hin.'

Also fährt David bis Rödingsmarkt. Dort steigt er aus und geht den Neuen Wall, eine wichtige Geschäftsstraße, entlang. Er bleibt vor einem Schaufenster stehen und liest: UNSER WINTERSCHLUSSVERKAUF BEGINNT AM ZWÖLFTEN JANUAR! David geht weiter und bleibt beim nächsten Kaufhaus stehen. Dort steht geschrieben: IN DER WOCHE AB SECHZEHNTEN JANUAR REDUZIEREN WIR UNSERE PREISE BIS ZU DREISSIG PROZENT! Und David denkt sich: 'Na, wie schön wäre es doch, viel Geld zu haben, ich kaufe ein andermal ein', und spaziert zum Rathaus. Das alte Hamburger Rathaus, aus der Renaissance-Zeit, wurde achtzehnhundertzweiundvierzig durch das Große Feuer von Hamburg zerstört. Dieses ist erst siebzig Jahre alt und wurde im gleichen Stil, wie das alte, neu gebaut. Danach macht sich David auf den Weg nach Hause.

VERSCHIEDENE GESCHÄFTE

Apotheke	Pharmacy, Chemist
Autohändler	Car Dealer
Blumengeschäft	Florist
Buchhandlung	Book Shop
Drogerie	Drug Store
Eisenhandlung	Ironmonger
Elektrogeschäft	Electrical Goods
Fischgeschäft	Fishmonger
Fleischer	Butcher
Friseur	Hairdresser
Juwelier	Jeweller

Kaufhaus	Department Store
Kindermoden	Child Care/Fashions
Kleidergeschäft	Dress Shop
Lebensmittelgeschäft	Grocer
Metzger	Butcher
Möbelhändler	Furniture Dealer
Moden	Fashions
Molkerei	Dairy
Obst- und Gemüsehändler	Greengrocer
Papierhandlung	Stationer
Pelze	Furs
Schneider	Tailor
Schuhgeschäft	Shoe Shop
Schuhmacher	Shoemaker
Supermarkt	Supermarket
Tabak	Tobacconist
Uhrmacher	Watchmaker
Wäscherei	Laundry

13 AUFGABE

WORD ORDER

Subordinating conjunctions

When using subordinating conjunctions inversion follows and the verb **always** stands at the end of the clause.

The most common are:

als	when (with past tense)	wenn	when, if
da	since	nachdem	after
daß	that	während	while
weil	because	damit	so that
ob	whether	bis	until
obwohl	although	bevor	before

Examples

Er lachte, als er das sagte	He laughed when he said that
Ich nehme meinen Schirm, da es regnet	I am taking my umbrella as it is raining

Ich weiß, daß Sie heute kommen	I know that you are coming today
Er kommt nicht, weil er krank ist	He's not coming because he's ill
Ich weiß nicht, ob sie anruft	I don't know whether she'll ring
Ich verstehe Deutsch nicht sehr gut, obwohl ich es schon seit zwei Jahren lerne	I don't understand German very well although I've been learning it for two years
Geben Sie ihm diesen Brief, wenn er kommt	Give him this letter when he comes
Er ging nach Hause, nachdem er in der Stadt war	He went home after he had been in town
Ich bleibe zu Hause, während du einkaufen gehst	I stay at home while you go shopping
Ich nehme meinen Mantel, damit mir nicht kalt wird	I am taking my coat so that I won't be cold
Ich warte, bis er kommt	I am waiting until he comes
Ich rufe Sie im Büro an, bevor Sie nach Hause gehen	I'll ring you at the office before you go home

Note: the subordinate clause is always separated from the main clause by a comma.

Interrogative adverbs and pronouns

Inversion will also take place if these words do *not* begin a direct question; the verb stands at the end of the clause.

wie	how?	woher	where from?
wann	when?	womit	with what?
wo	where?	was	what?
warum ⎫		wer	who?
weshalb ⎬ why?		wen	whom?
wieso ⎭		wessen	whose?
wohin	where to?	wem	to whom?

Examples

Wissen Sie, **wie** man nach Bruck kommt?	Do you know how one gets to Bruck?
Ich weiß nicht, **wann** er kommt!	I don't know when he is coming
Wer weiß, **warum** er das tut?	Who knows why he does it?
Sagen Sie mir, **woher** Sie kommen	Tell me where you come from

But if these adverbs start a direct question the ordinary word order is used:

Wann kommt er denn?	When is he coming then?
Wieso hast du nicht geschrieben?	Why haven't you written?

Wohin gehen wir jetzt?	Where are we going now?
Warum lügst du?	Why are you lying?
Woher kommen Sie eigentlich?	Where do you actually come from?

Co-ordinating conjunctions

These do **not** change the order of the words!!!

und	and	sondern (after a negative) but	
oder	or	denn as, since	
aber	but		

Es ist spät und ich bin müde	It is late and I'm tired

Sind Sie zu Hause oder
   sind Sie woanders?
	Are you at home or
	   are you elsewhere?

Wir sind zwar eingeladen, aber
   wir gehen nicht hin
	We're invited but
	   we're not going

Er hat die Verabredung nicht
   abgesagt, sondern hat sie nur
   verschoben
	He hasn't cancelled the appoint-
	   ment but has only postponed it

Ich komme doch nicht, denn es
   ist zu spät
	I'm not coming after all
	   as it is too late

IN DER CAFE-KONDITOREI

Arbeitsplatz (m) (A'plätze)	work-place	nachgeben	to give in
Bestellung (f) (-en)	order	streiken	to strike
Gewerkschaftsführer (m) (-)	union leader	unterstützen	to support
Kondition ⎫ Bedingung ⎭ (f) (-en)	condition	verlangen	to demand
		versammeln	to gather,
Konditorei (f) (-en)	pastry shop		meet
Lohnerhöhung (f) (-en)	wage increase		
Lösung (f) (-en)	solution	nicht eher	not before
Öffentlichkeit (f) (-)	public	gegenwärtig	presently
Regierung (f) (-en)	Government	zuerst	first of all
Sahnetorte (f) (-n)	cream cake		
Serviererin (f) (-nen)	waitress	*Phrase:* zuviel verlangen	
Stück (n) (-e)	piece		asking too much
Tageszeitung (f) (-en)	daily paper		

David hat nun das Rathaus besichtigt und hat Lust auf eine Tasse Kaffee. Zuerst kauft er sich noch eine englische Tageszeitung und geht dann in eine Cafe-Konditorei. In dem Cafe sind ziemlich viele Leute, aber er sieht noch einen freien Tisch. Die Serviererin kommt und fragt:

'Was darf es sein?'

'Eine Tasse Kaffee und ein Stück Sahnetorte, bitte.'

'Leider ist die Sahnetorte ausverkauft, aber wir haben eine Schwarzwälder Kirschtorte.'

'Ja, bitte, bringen Sie mir eine.'

Die Serviererin schreibt die Bestellung auf. Während David auf seinen Kaffee und seine Torte wartet, liest er die Zeitung:

Während der britische Premierminister und der Gewerkschaftsführer die gegenwärtige Situation besprachen, versammelten sich Hunderte von Demonstranten in der Downing Street. Wir fragten einen Mann, warum er denn streike, und er antwortete: 'Ich streike, weil ich es satt habe, unter diesen Konditionen zu arbeiten. Wir wollen alle eine Lohnerhöhung und mehr Urlaub! Das ist doch nicht zuviel verlangt, oder? Die Regierung weiß, daß wir von der britischen Öffentlichkeit unterstützt werden! Und wir gehen nicht eher an unsere Arbeitsplätze zurück, bis eine Lösung gefunden wird!'

Ob die Regierung nachgeben wird? denkt sich David, als auch schon die Serviererin mit dem Kaffee und der Torte kam.

MODAL AUXILIARY VERBS

There are six very important verbs known as modal auxiliaries:

sollen	shall, to be supposed to, to be obliged to
wollen	want, to wish to, to intend to
mögen	may, to like
dürfen	may, to be allowed to
können	can, to be able to
müssen	must, to have to

These verbs are sometimes difficult to translate. The first and third person have the same form and the plural is always the same as the infinitive:

ich	soll	wir	sollen		ich	will	wir	wollen
du	sollst	ihr	sollt		du	willst	ihr	wollt
er	soll	sie	sollen		er	will	sie	wollen
sie	soll	Sie	sollen		sie	will	Sie	wollen
es	soll				es	will		

ich	mag	wir	mögen		ich	darf	wir	dürfen
du	magst	ihr	mögt		du	darfst	ihr	dürft
er	mag	sie	mögen		er	darf	sie	dürfen
sie	mag	Sie	mögen		sie	darf	Sie	dürfen
es	mag				es	darf		

ich	kann	wir	können	ich	muß	wir	müssen
du	kannst	ihr	könnt	du	mußt	ihr	müßt
er	kann	sie	können	er	muß	sie	müssen
sie	kann	Sie	können	sie	muß	Sie	müssen
es	kann			es	muß		

As said before, modal auxiliaries usually require an infinitive. The infinitive is **not** preceded by **zu** and always stands at the end of the clause:

Examples

Ich soll ihn anrufen	I'm supposed to phone him
Wollen Sie eine Tasse Kaffee trinken?	Do you want a cup of coffee?
Er mag wohl später kommen	He may well come later
Ich darf nicht rauchen	I'm not allowed to smoke
Ich kann es heute tun	I can do it today
Wir müssen jetzt gehen	We must go now

The verbs *wollen* und *mögen* can be used without an infinitive:

Ich will keinen Kaffee	I don't want coffee
Ich mag jetzt nicht	I don't want to now

Another form of mögen is **möchten** which has already been introduced:

Möchten Sie ein Glas Wein?	Would you like a glass of wine?
Ich möchte gerne eine Zigarette	I would like to have a cigarette

WISSEN UND KENNEN

These are two very important words that could cause some confusion if not understood.
It's really quite simple:

wissen (to know) knowledge of fact
kennen (to know) acquaintance of a person, a place, a film, etc.

ich weiß	wir wissen	ich kenne	wir kennen
du weißt	ihr wißt	du kennst	ihr kennt
er weiß	sie wissen	er kennt	sie kennen
sie weiß	Sie wissen	sie kennt	Sie kennen
es weiß		es kennt	

Examples

Ich **weiß,** was Sie meinen	I know what you mean
Kennen Sie diesen Mann?	Do you know this man?

Wissen Sie, wo der Bahnhof ist?	Do you know where the station is?
Kennen Sie dieses Buch?	Do you know this book?
Das **weiß** ich nicht	I don't know that
Er **kennt** uns noch nicht	He doesn't know us yet
Ich **weiß,** daß Sie ihn **kennen**	I know that you know him
Sie **kennen** doch diese Stadt, nicht wahr?	You know this town, don't you?

Note: **kennen** and **können** are two completely different verbs! so speak clearly (können: modal auxiliary, page 52).

DAVID LERNT EIN MÄDCHEN KENNEN

Familie (f) (-n)	family	entdecken	to discover
Feuer (n) (-)	light, fire	entschuldigen	to excuse
Nichtraucher (m) (-)	non smoker	erzählen	to tell
Platz (m) (Plätze)	place, seat	kennengelernt	to have met
Streichholz (n) (S'hölzer)	match	tragen	to carry
Weile (f) (-)	a while	verzeihen	to excuse
		gearbeitet	have worked

abends	in the evening	natürlich	of course, naturally
berühmt	famous	tschüß	bye-bye
ein bißchen, wenig	a little	zufällig	by chance
endlich	at last	z.B. (zum Beispiel)	for example
		servus grüß' dich }	hallo

David sitzt noch in der Konditorei, trinkt seinen Kaffee, ißt seine Torte und liest seine Zeitung. Plötzlich sagt eine Stimme:

'Entschuldigen Sie, ist dieser Platz noch frei?'

'Ja, bitte schön, nehmen Sie Platz.'

Das Mädchen setzt sich an den Tisch. David liest weiter. Nach einer Weile fragt das Mädchen: 'Verzeihen Sie, aber haben Sie zufällig Feuer?'

Antwortet David: 'Ja, obwohl ich Nichtraucher bin, trage ich immer Streichhölzer bei mir.'

'Ich sehe, Sie lesen eine englische Zeitung. Sind Sie denn Engländer?'

'Ja, kennen Sie England?'

'Oh ja, ich kenne England sehr gut. Wissen Sie, ich habe ein Jahr in England als Au Pair bei einer Familie gearbeitet.'

'Wo denn, wenn ich fragen darf?'

'In London, in Kensington.'

'Dann kennen Sie ja das berühmte Kaufhaus Harrods, nicht?' fragt David.
'Ja, natürlich—jeder weiß, wo es ist. Aber kennen Sie Hamburg gut?'
'Nein, nicht sehr gut, aber vielleicht könnten Sie mir ein bißchen darüber erzählen.'
'Wenn Sie wollen, gerne, was soll ich Ihnen erzählen?'
'Was kann man z.B. in Hamburg abends tun?'
'Kennen Sie denn die Reeperbahn nicht?'
'Nein, soll ich denn?'
'Wenn Sie schon nach Hamburg kommen, müssen Sie sich das ansehen. Dort wurden doch die Beatles entdeckt, und da gibt es alles zu sehen—vom Theater bis zum Striptease Lokal—ach, da ist er ja endlich!'
'Wer?' fragt David.
'Mein Mann—nett, Sie kennengelernt zu haben. Tschüß!'

14 AUFGABE

THE IMPERFECT TENSE

Up to now we've been dealing with verbs in the present tense and you should be talking pretty well—if you've done your exercises regularly! It's time to move on to the imperfect tense. You will find the imperfect quite easy and, of course, the German language much more exciting.

The *imperfect tense* is divided into three groups:
1 weak verbs
2 strong verbs
3 mixed verbs

Weak verbs: You merely add a -t to the root verb:
infinitive: sag-en (to say)
Imperfect: sagt-en (said, was saying)

inf.	present	imperfect
sagen	ich sage	ich sagte, wir sagten (to say)
reden	ich rede	ich redete, wir redeten (to talk)
lieben	ich liebe	ich liebte, wir liebten (to love)
hören	ich höre	ich hörte, wir hörten (to hear)

The imperfect has several translations:
sagen: to say
sagte: said, did say, was saying, used to say
sagte nicht: didn't say, wasn't saying
sagten Sie? did you say? Were you saying?

If the root verb ends in **-d**, **-t**, an extra **-e** is added, as well as a **t**:
Infinitive: antwort-en   (to answer)
imperfect: antwort**et**-en (answered)
But the **imperfect** of **haben** is slightly irregular:
ich habe (present)   ich hatte, wir hatten (to have)

Here is a list of all **weak verbs** you've learned so far and which will act as a good reminder.

Infinitive	3rd person sing., Imperfect	
antworten	antwortete	to answer
arbeiten	arbeitete	to work
besuchen	besuchte	to visit
erreichen	erreichte	to reach/contact
erwarten	erwartete	to expect
erzählen	erzählte	to tell
fragen	fragte	to ask
haben	hatte	to have
holen	holte	to fetch
hören	hörte	to hear
kaufen	kaufte	to buy/purchase
kosten	kostete	to cost
lachen	lachte	to laugh
läuten	läutete	to ring (bell)
legen	legte	to put/lie down (horizontally)
lieben	liebte	to love
machen	machte	to make/do
melden	meldete	to answer/reply
öffnen	öffnete	to open
rauchen	rauchte	to smoke
reisen	reiste	to travel
sagen	sagte	to say
schicken	schickte	to send
stellen	stellte	to put/stand (vertically)
studieren	studierte	to study
suchen	suchte	to look for/seek

tanzen	tanzte	to dance
übersetzen	übersetzte	to translate
verkaufen	verkaufte	to sell
verreisen	verreiste	to go away/set out
versuchen	versuchte	to try
warten	wartete	to wait
wohnen	wohnte	to live in, at/dwell
zahlen	zahlte	to pay

Modal auxiliaries also belong to weak conjugations but they do not retain the Umlaut:

sollen	sollte	was supposed to, was to
wollen	wollte	wanted to, intended to
mögen	mochte	liked to
dürfen	durfte	was allowed to, was permitted to
können	konnte	could, was able to
müssen	mußte	had to

Mixed verbs: have the same ending as verbs in the weak conjugation but the root undergoes a change:

wissen	wußte	to know (a fact)
kennen	kannte	to know (acquainted with)
bringen	brachte	to bring
denken	dachte	to think
senden	sandte	to send

Strong verbs: all strong verbs change the root vowel:

bleiben	blieb	to stay
essen	aß	to eat
fahren	fuhr	to drive/travel
fallen	fiel	to fall
finden	fand	to find
fliegen	flog	to fly
geben	gab	to give
gehen	ging	to go/walk
halten	hielt	to hold/stop
heißen	hieß	to be called
kommen	kam	to come
laufen	lief	to run
liegen	lag	to lie
nehmen	nahm	to take
schlafen	schlief	to sleep

schließen	schloß	to close/shut
schreiben	schrieb	to write
sehen	sah	to see
sitzen	saß	to sit
sprechen	sprach	to speak/talk
stehen	stand	to stand
treffen	traf	to meet
trinken	trank	to drink
tun	tat	to do
waschen	wusch	to wash

Separable and **inseparable** verbs undergo the same change:

abbiegen	abbog (bog ab)	to turn
anmelden	anmeldete (meldete an)	to register/book
aufhalten	aufhielt (hielt auf)	to stop
bekommen	bekam	to receive/get
empfehlen	empfahl	to recommend
entscheiden	entschied	to decide
entschließen	entschloß	to decide
gefallen	gefiel	to like
umsteigen	umstieg (stieg um)	to change (trains, etc.)
verlassen	verließ	to leave
verschieben	verschob	to postpone
verstehen	verstand	to understand
zerbrechen	zerbrach	to break

TRANSLATION EXERCISES

10

Er kam zu spät, weil das Auto nicht startete (ansprang). Wir kauften uns ein neues Haus. Ich dachte, daß Sie Ihren Urlaub schon im Winter nahmen. Wußten Sie nicht, daß er nach Deutschland fuhr? Wieso blieb er nur für drei Tage? Er brachte meine Tochter nach Hause. Übersetzten Sie diesen Brief? Ich konnte ihn nicht erreichen. Wir tanzten die ganze Nacht. Meine Schule zahlte für die Reise. Ich durfte nicht studieren, weil es zu teuer war. Ich meldete das Gespräch nach England an. Ich verschob die Diskussion auf morgen, weil es sehr spät war. Sie verstand die Situation nicht. Herr Schmidt empfahl uns das Hotel.

11

He never spoke about it. He wrote to me. I saw my mother when I went home. He stopped a man in the street. She sat next to me. Did you find your sister? I had to go home because my parents phoned me. I was supposed to see him yesterday but he wasn't at home. Did you know what it was? I booked a (travel) ticket. We drove along the road and then turned left. My neighbour told me about him. I couldn't buy the car because I didn't have enough money. I didn't know (it)! Did you pay for the food? My parents sold their house. I waited (for) two weeks. We used to live in London. Yesterday was the 14th of February.

PETER UND DIE POLIZEI

Anfang (m) (Anfänge) beginning	beeilen to hurry
Brieftasche (f) (-n) wallet	umziehen to change (clothes)
Führerschein (m) (-e) driving licence	versäumen to miss
Gas geben to accelerate	zeigen to show
Geschwindigkeitsbegrenzung (f) (-en) speed limit	ausnahmsweise to make an exception, exceptionally
Kino (n) (-s) cinema	
eine Lehre sein to be a lesson	einmal for once
in Ordnung in order, all right	hinauf up
Spaß (m) (Späße) fun, joke	vorsichtig careful
Treppe (f) (-n) stairs, steps	
20 Mark Schein (m) (-e) 20 Mark note	*Phrasen*
	ein Auge zudrücken to
Wachtmeister (m) (-) constable	overlook, turning a blind eye to it
Wechselgeld (n) (-) change (of money)	Ordnung muß sein order is
Weg (m) (-e) way	essential!
	sich auf den Weg machen to be on the way

David machte sich auf den Weg nach Hause. Peter und seine Mutter warteten schon auf ihn.

'Servus, David, da bist du ja endlich, wo warst du denn? Wir wollen doch heute abend ins Kino gehen.'

'Ich ging zum Rathaus und wollte ein paar Einkäufe machen, aber alles war so teuer!'

'Ja, also mache dich schnell fertig. Wir nehmen das Auto,' meinte Peter.

David ging die Treppen hinauf und zog sich um.

'Ich bin fertig, wir können gehen.'

'Fahrt vorsichtig und viel Spaß!' rief ihnen Frau Wallner nach.

'In Ordnung! Tschüß,' antwortete Peter.

'Wir müssen uns aber beeilen, sonst versäumen wir den Anfang!' sagte Peter und gab Gas.

Plötzlich wird Peter von einem Polizisten aufgehalten.

'Sie wissen doch, junger Mann, daß Sie zu schnell fuhren, nicht wahr? Zeigen Sie mir mal Ihren Führerschein.'

Peter nahm ihn aus seiner Brieftasche und gab ihn dem Polizisten.

'Tut mir schrecklich leid, Herr Wachtmeister, ich wußte nicht, daß hier eine Geschwindigkeitsbegrenzung ist.'

'Mir tut's auch leid—aber das kostet Sie 40 Mark!'

'Herr Wachtmeister, könnten Sie nicht einmal ausnahmsweise ein Auge zudrücken?' fragte Peter?

'Nein, Ordnung muß sein!'

'Also gut,' meinte Peter, 'hier ist ein 50 Mark Schein.'

'Und hier sind 10 Mark Wechselgeld—hoffentlich wird Ihnen das eine Lehre sein, auf Wiedersehen!'

15 AUFGABE

REFLEXIVE VERBS

The action of the verb reflects the subject:

	ich sehe ihn	I see him
reflexive:	ich sehe **mich**	I see myself

In German many verbs are reflexive although their English equivalents are not:

Darf ich **Sie** an die Verabredung erinnern?   to remind
May I remind you of the appointment?

but reflexive:

Ich erinnere **mich** als ich jung war   to remember
I remember when I was young

Conjugation

ich erinnere **mich** (an)	wir erinnern **uns** (an)
du erinnerst **dich** (an)	ihr erinnert **euch** (an)

er erinnert **sich** (an)	sie erinnern **sich** (an)
sie erinnert **sich** (an)	Sie erinnern **sich** (an)
es erinnert **sich** (an)	

Reflexive verbs already known to you

sich anmelden	to register
sich entscheiden	⎰ to decide
sich entschließen	⎱ to decide
sich erinnern (an)	to remember
sich legen	to lie (down)
sich melden	to answer/reply
sich setzen	to sit down
sich unterhalten (mit)	to converse/to have a chat
sich waschen	to wash

New reflexive verbs

sich bedanken	to thank
sich benehmen	to behave
sich erkälten	to catch cold
sich freuen	to be pleased/glad
sich fürchten vor	to be afraid of
sich handeln um	to have to do with
sich herausstellen	to come to light/transpire
sich irren	to be mistaken
sich schämen	to be ashamed
sich verabreden	to make an appointment
sich verspäten	to be late
sich vorstellen	to introduce
sich weigern	to refuse
sich wundern	to wonder, to be surprised

With some verbs the reflexive pronoun takes the **dative** but this only shows in the first person singular:

sich Sorgen machen	to be worried
sich vorstellen	to imagine
sich wehtun	to hurt oneself

Examples

Meine Nachbarin hat sich für meine Hilfe bedankt	My neighbour has thanked me for my help

Mein Neffe hat sich schlecht benommen	My nephew has behaved badly
Ich habe mich schon wieder erkältet	I have (caught) a cold again
Ich freue mich, Sie kennenzulernen	I am pleased to meet you/How do you do? (formal introduction)
Ich fürchte mich vor der Ungewißheit	I'm afraid of the unknown
Es handelt sich um die Geschäftsreise	It has to do with the business trip
Das wird sich morgen herausstellen	It will come to light tomorrow
Da irren Sie sich aber gewaltig	You're badly mistaken
Du solltest dich schämen!	You should be ashamed of yourself!
Ich habe mich für morgen verabredet	I've made an appointment for tomorrow
Tut mir leid, daß ich mich verspätet habe	I'm sorry for being late
Darf ich mich vorstellen, ich heiße . . .	May I introduce myself, my name is . . .
Er weigert sich, diese Arbeit zu tun	He refuses to do this work
Das würde mich wundern!	That would surprise me!
Das kann ich mir vorstellen	I can imagine that
Ich habe mir wehgetan	I've hurt myself
Ich mache mir schreckliche Sorgen um dich!	I'm terribly worried about you

DAVID TRIFFT EINE BEKANNTE

Chef (m) (-s) boss		aufgeben	to post, to give up
Mittagspause (f) (-n) lunch break		vorbeischauen	to look by, drop in
Postamt (n) (P'ämter) Post Office		sich wiedersehen	to meet again

Reisebüro (n) (-s) travel agent
Schalter (m) (-) counter
Schulter (f) (-n) shoulder
Waage (f) (-n) scales

Phrase:
auf die Schulter klopfen
to tap on the shoulder

wie geht es Ihnen? How are you?
ein wenig a little
schade what a shame!
sonst otherwise
übrigens by the way

Am nächsten Tag geht David zum Postamt, um einen Brief an seine Mutter aufzugeben.

'Der Nächste, bitte,' sagte der Mann am Schalter.

'Ich möchte diesen Brief nach England schicken.'

Der Mann legt den Brief auf die Waage und sagt: 'Das macht 80 Pfennige.'

Plötzlich klopft jemand David auf die Schulter: 'Schönen guten Tag! Erinnern Sie sich noch an mich?' fragt eine junge Frau.

'Ja, natürlich, wir haben uns in der Konditorei kennengelernt. Ich freue mich, Sie wiederzusehen. Wie geht es Ihnen?'

'Danke, ich habe mich erkältet, aber sonst geht es mir gut—und Ihnen?'

'Mir geht es sehr gut. Haben Sie ein wenig Zeit, dann können wir eine Tasse Kaffee trinken.'

'Meine Mittagspause ist gleich um und ich darf mich nicht verspäten. Mein Chef ist nicht gerade tolerant,' antwortet Frau Heidi.

'Schade, ich hätte mich gerne ein wenig mit Ihnen unterhalten. Übrigens, darf ich mich vorstellen, mein Name ist David James.'

'Ich heiße Heidi Kanzler. So, jetzt muß ich mich wirklich auf den Weg machen. Ich arbeite im Reisebüro Schelch. Sie können ja mal vorbeischauen.'

'Gut, das mache ich. Auf Wiedersehen, Fräulein—oh—Frau Heidi.'

'Auf Wiedersehen, Herr David!'

16 AUFGABE

PERFECT TENSE

Conjugation of sein and haben

have been

ich bin gewesen	wir sind gewesen
du bist gewesen	ihr seid gewesen
er ist gewesen	sie sind gewesen
sie ist gewesen	Sie sind gewesen
es ist gewesen	

have had

ich habe gehabt	wir haben gehabt
du hast gehabt	ihr habt gehabt
er hat gehabt	sie haben gehabt
sie hat gehabt	Sie haben gehabt
es hat gehabt	

The **perfect tense** is made up of two parts: the auxiliary verb and the past participle:

with weak verbs:

Ich habe es gesehen I have seen it
   auxiliary past participle

Ich habe bis jetzt gearbeitet **I have been working** until now
Ich habe in Stockholm gewohnt **I used to live** in Stockholm

The past participle is formed with the prefix **ge-** and the ending **-t** to the infinitive root:

arbeiten	arbeitete		**ge**arbeite**t**	(to work)
kaufen	kaufte	past participle	**ge**kauf**t**	(to buy)
rauchen	rauchte		**ge**rauch**t**	(to smoke)

Separable weak verbs add the **ge** between the prefix and the root verb:

aufbauen	aufbaute		auf**ge**baut	(to build)
anmelden	anmeldete	past participle	an**ge**meldet	(to book/ register)
aufmachen	aufmachte		auf**ge**macht	(to open)

In **inseparable weak verbs** the **ge** is omitted:

besuchen	besuchte	past	hat besucht	(to visit)
entdecken	entdeckte	participle	hat entdeckt	(to discover)

The **ge** is also omitted in verbs with the ending **-ieren**:

studieren	studierte		hat studiert	(to study)
probieren	probierte	past participle	hat probiert	(to try)
reagieren	reagierte		hat reagiert	(to react)

Mixed verbs retain the same root change as in the imperfect:

wissen	wußte		gewußt	(to know *fact*)
kennen	kannte	past participle	gekannt	(to know *acquaint*)
bringen	brachte		gebracht	(to bring)

The past participle of **modal verbs** is the same as the infinitive:

Ich habe es tun **müssen**	I had to do it
Ich habe es tun **können**	I have been able to do it
Ich habe es tun **dürfen**	I have been allowed to do it

If modal verbs are used without infinitives the past participles are:

gesollt	gedurft
gewollt	gekonnt
gemacht	gewußt

Position of past participle

The past participle **always** stands at the end of the main clause.

Ich **habe** ihn heute **gesehen**
Er **hat** es doch nicht **getan**
Wir **haben** die Nachrichten **gehört**

In a subordinate clause the **auxiliary verb** stands **after** the past participle:

. . . , weil ich es schon gestern **getan habe**
. . . , wenn man es einmal **gehabt hat**
. . . , da er es auch wirklich **gemacht hat**

Position of nicht

The **nicht** usually precedes the past participle:

Ich habe noch **nichts gesagt**
. . . , da er es doch **nicht gesehen** hat
Er hat den Brief noch **nicht abgeschickt**

Strong verbs   These past participles all end in **-en**:

Ich habe die Tasche **ge**trag**en**
Ich bin nicht lange **ge**blieb**en**
Ich bin nach Hause **ge**gang**en**

Some verbs may be conjugated with **haben** or **sein** depending on their use. If **motion** is involved then conjugate with **sein**:

Ich bin gekommen
Ich bin gefahren
Ich bin umgestiegen

PLUPERFECT TENSE

The same rules apply to the pluperfect as to the perfect tense:

had been

ich war gewesen	wir waren gewesen
du warst gewesen	ihr ward gewesen
er war gewesen	sie waren gewesen
sie war gewesen	Sie waren gewesen
es war gewesen	

had had

ich hatte gehabt	wir hatten gehabt
du hattest gehabt	ihr hattet gehabt
er hatte gehabt	sie hatten gehabt
sie hatte gehabt	Sie hatten gehabt
es hatte gehabt	

TRANSLATION EXERCISE

12

Ich bin im Urlaub nach Deutschland gefahren. Das deutsche Essen hat mir gut geschmeckt. Ich habe in einem Hotel gewohnt. Das Hotel ist sehr teuer gewesen, aber das Zimmer hat mir gut gefallen. Ich habe in den drei Wochen sehr viel gesehen und viele Leute kennengelernt. Ich bin eigentlich nach Deutschland gefahren, um mein Deutsch zu verbessern. Ich habe viele Souvenirs für meine Eltern und Freunde gekauft. Ich habe auch deutsche Zigaretten probiert, aber die amerikanischen haben mir besser geschmeckt. Ich habe zuviel geraucht und, weil der deutsche Wein so gut war, auch zuviel getrunken. Während meines Aufenthaltes habe ich auch einen Geschäftsfreund meines Vaters besucht und er, wie auch seine Frau, haben sich sehr gefreut. Ich habe eine Flasche Cognac für ihn und Blumen für sie gekauft. Da ich zum Abendessen eingeladen war, bin ich fast bis Mitternacht geblieben. Ich habe mich bei ihnen für die Gastfreundschaft bedankt und bin mit dem Taxi zurück zum Hotel gefahren. Ich habe wirklich einen schönen Abend mit den Freunden meines Vaters verbracht.

BEIM MITTAGESSEN

Butter (f) (-) butter		aufgießen	to add water
Mittagessen (n) (-) lunch		anbraten	to fry quickly
Reis (m) (-) rice		dünsten	to stew, simmer
Schweineschnitzel (n) (-) pork fillet		erledigen	to settle
Straßenbahn (f) (-en) tram		schmecken	to taste
grüner Salat (m) (-e) lettuce		sich verheiraten	to marry (be married)
beide Seiten both sides		würzen	to season

heim   home
prima   first class
schlank slim

Phrasen: die Sache hat einen Haken
there's one snag
lassen Sie die Finger von ihr
keep your hands off her

Nach dem kurzen Wiedersehen mit Frau Heidi, fuhr Peter mit der Straßenbahn nach Hause. Er war schon ziemlich hungrig.

'Hallo, Frau Wallner—was gibt es denn heute zum Mittagessen?'

'Schweineschnitzel, Reis und grünen Salat! Na, hast du alles erledigt?'

'Ja, ich habe den Brief aufgegeben. Ich habe Ihnen doch vor einigen Tagen erzählt, daß ich in einer Konditorei ein Mädchen kennengelernt habe. Ich habe sie heute am Postamt wiedergesehen.'

'Ich erinnere mich schon. Ist sie hübsch?' fragte Frau Wallner.

'Sehr, sie ist groß, schlank und hat langes, blondes Haar. Aber die Sache hat einen Haken—sie ist verheiratet!'

'Oh, David, dann lasse lieber die Finger von ihr—hier ist dein Essen. Guten Appetit!'

'Danke. Wo ist Peter?'

'Er ist noch auf der Universität, er kommt erst um fünf Uhr nachmittags heim.'

'Das Schnitzel ist aber gut. Wie haben Sie denn das gemacht? Ich interessiere mich auch für Kochen.'

'Ganz einfach, ich habe Butter braun werden lassen, habe das Schnitzel an beiden Seiten schnell angebraten, gewürzt und mit

Wasser aufgegossen. Dann habe ich es eine halbe Stunde gedünstet. Das ist alles.'

'Das schmeckt wirklich ganz prima!'

17   AUFGABE

FUTURE TENSE

The future tense is formed by the present tense of the auxiliary **werden** and an infinitive which **always** stands at the end of the clause.

I shall have

ich werde haben	wir werden haben
du wirst haben	ihr werdet haben
er wird haben	sie werden haben
sie wird haben	Sie werden haben
es wird haben	

I shall be

ich werde sein	wir werden sein
du wirst sein	ihr werdet sein
er wird sein	sie werden sein
sie wird sein	Sie werden sein
es wird sein	

Examples

Sie werden den Brief morgen haben	You will have the letter tomorrow
Ich werde die Arbeit morgen machen	I shall do the job tomorrow
Werden Sie morgen Zeit haben?	Will you have time tomorrow?
Er wird nächste Woche kommen	He will come next week
Ich werde Sie später anrufen	I shall ring you later

Wir werden um zwölf Uhr bei Ihnen sein	We shall be at your place by twelve o'clock
Der Film wird gut sein	The film will be good
Ich werde ein Bad nehmen	I shall take a bath
Leider werde ich morgen nicht kommen können	Unfortunately I shan't be able to come tomorrow
Meine Freundin wird im Frühjahr heiraten	My (girl) friend will be getting married in the spring

WERDEN—BEKOMMEN

Werden without an infinitive means to become, to get.

Er wird Arzt	He's becoming (going to be) a doctor
Ich werde langsam müde	I'm slowly getting tired

Imperfect

Ich wurde sehr böse	I got very angry
Ich wurde schwanger	I became pregnant

Perfect

Ich bin Journalistin geworden	I have become a journalist
Er ist berühmt geworden	He has become famous

Bekommen to receive, to get.

Ich habe keine Antwort bekommen	I haven't received an answer (I didn't get an answer)
Sie bekommen ihre Fahrkarte per Post zugeschickt	You will get your (travel) ticket sent to you by post (You'll receive your ticket by post)

TRANSLATION EXERCISES

13

Sie werden den Brief heute bekommen. Was werden Sie heute abend tun? Wir werden sehen, was es ist. Werden Sie sehr böse sein, wenn

ich spät komme? Wenn ich nach Hause fahre, werde ich auch meine
Freunde besuchen. Im Zug werde ich immer müde. Am Donnerstag
wird mich mein Freund anrufen, und am Samstag werden wir auf
Urlaub nach Dänemark fahren. Werden Sie sich das Kleid trotzdem
kaufen? Sie werden sich aber wundern. Mein Sohn hat gesagt, wenn
er älter ist, wird er Chauffeur. Was wirst du ohne mich tun?

14

Where will you go to? Have you seen my book? Will you be going
to Germany? I shall have a nice house and a large garden and I shall
also buy a dog. My husband has phoned me to say that he will be home
late tonight. Has he really told you everything? I will not go home
until you have decided. Where will you buy the dress? I shall go to
Paris and buy it there!

WAS WIRD DA GEBAUT?

Baugelände (n) (-)	building area	betreten	to enter, tread on
Baustelle (f) (-n)	building site	verbieten	to prohibit
Fernseher (m) (-)	television	verursachen	to cause
Einzimmerwohnung (f) (-en)	one bedroom flat	überfahren	to run over
Knabe (m) (-n)	boy		
Krimi (m) (-s)	thriller		
Leine (f) (-n)	dog lead		
Sorge (f) (-n)	worry		
Spielplatz (m) (S'plätze)	playground		
Unfall (m) (Unfälle)	accident		
Wohnung (f) (-en)	flat		

David und Peter gehen mit Lando, dem Schäferhund, spazieren. Sie
kommen an einem Baugelände vorbei und David liest auf einer großen
Tafel:

DAS BETRETEN DER BAUSTELLE IST VERBOTEN!*

'Sag mal, Peter, was wird denn da gebaut?'
'So weit ich weiß, dreißig Wohnungen. Fünf Einzimmerwohnungen,
zehn Zweizimmerwohnungen und fünfzehn Dreizimmerwohnungen.
Und dort drüben wird ein Spielplatz gebaut.'
'Sehr vernünftig,' meinte David, 'bei uns wird man ja auch bald eine

---

* Das Betreten der Baustelle ist verboten = No admittance to the building site!

Lösung dieses Problems finden müssen. Viele Kinder spielen noch immer auf der Straße, und das ist so gefährlich! Dadurch werden so viele Unfälle verursacht. Naja, die Kinder von morgen werden diese Sorgen nicht mehr haben!'

'Nein, hoffentlich nicht. Aber ich glaube, David, wir werden jetzt nach Hause gehen müssen, wenn wir den Krimi im Fernsehen nicht versäumen wollen!'

'Dann laß' uns gehen, alter Knabe! Aber nimm deinen Hund an die Leine, sonst wird er von einem Auto überfahren!'

18 AUFGABE

ACTIVE AND PASSIVE VOICE

When you say 'I hit' then you do something, you are **active**.
And when you say 'I am hit' something is done to you, you are **passive**.
These two forms of the verb are called **Active Voice** and **Passive Voice**. The passive in German is formed with **werden**.

Present tense:

ich werde gefahren	I am being driven
du wirst gefahren	you are being driven
er wird gefahren	he is being driven
wir werden gefahren	we are being driven
ihr werdet gefahren	you are being driven
sie werden gefahren	they are being driven
Sie werden gefahren	you are being driven

Imperfect tense

ich wurde gefahren	I was being driven
du wurdest gefahren	you were being driven
er wurde gefahren	he was being driven
wir wurden gefahren	we were being driven
ihr wurdet gefahren	you were being driven
sie wurden gefahren	they were being driven
Sie wurden gefahren	you were being driven

Perfect tense

ich bin gefahren worden	I have been driven
du bist gefahren worden	you have been driven
er ist gefahren worden	he has been driven
wir sind gefahren worden	we have been driven
ihr seid gefahren worden	you have been driven
sie sind gefahren worden	they have been driven
Sie sind gefahren worden	you have been driven

Future tense

ich werde gefahren werden	I shall be driven
du wirst gefahren werden	you will be driven
er wird gefahren werden	he will be driven
wir werden gefahren werden	we shall be driven
ihr werdet gefahren werden	you will be driven
sie werden gefahren werden	they will be driven
Sie werden gefahren werden	you will be driven

Now observe how the subject becomes the object:

Der Knabe streichelt die Katze	The boy strokes the cat

but

Die Katze wird **von** dem Knaben gestreichelt	The cat is stroked by the boy
Das Feuer zerstört das Haus	The fire destroys the house

but

Das Haus wird **durch** das Feuer zerstört	The house is destroyed by the fire

Usually, if the agent is a person you use **von**, otherwise you use **durch**.

Impersonal passive

Es wird gesprochen	man spricht	one speaks
Es wird gemacht	man macht es	it is done

sein with 'zu' and an infinitive

Es war niemand zu sehen	There was nobody to be seen
Wann wurde der Dom gebaut?	When was the cathedral built?

Zur Zeit Kaiser Franz Joseph	At the time of the Emperor Franz Joseph
Was wird man mit ihm machen?	What will they do with him?
Wie soll ich das wissen?	How should I know?
Wurde Ihnen das Rathaus gezeigt?	Was the town hall shown to you?
Ja, man hat uns durchgeführt	Yes, they took us through
Was wird heute in der Oper aufgeführt?	What's on (performed) at the opera?
'Der Fliegende Holländer', glaube ich	'The Flying Dutchman', I think
Wurden Sie mit dem Auto nach Hause gebracht?	Were you taken home by car?
Mein Verlobter brachte mich heim	My fiancé took me home
Wie kommt man am schnellsten nach Wien?	What's the quickest way to Vienna?
Mit dem Flugzeug natürlich	By plane, of course
Der Angeklagte wurde schuldig gesprochen	The defendant was found guilty
Und das nennt man Gerechtigkeit?	And that is called justice?
Wie spricht man das Wort aus?	How does one pronounce that word?
Schlagen Sie doch im Wörterbuch nach	Look it up in the dictionary

MIT RADAR KONTROLLIERT

Radar (n) radar		abnehmen	to take (from/off)
Steuer (n) (-) wheel		anhalten	to stop
Strecke (f) (-n) stretch of road		anzeigen	to book
Verkehr (m) (-) traffic		kontrollieren	to check
Verkehrserziehung (f) (-) road safety training		schnappen	to catch
Verkehrsverbrecher (m) (-) criminal drivers		überholen	to overtake
		verhalten	to behave
altmodisch	old fashioned	verursachen	to cause
normalerweise	normally, usually		
schrecklich	terrible		
streng	strict		
unvorsichtig	careless		

Peter und David fahren mit dem Auto zu Giselas Party. Sie fahren die Hauptstraße entlang und Peter sagt:

'Erinnerst du dich, David, an dieser Stelle wurden wir vor einer Woche von einem Polizeiauto angehalten. Damals hat man mir doch auch vierzig Mark abgenommen.'

'Ja, ich erinnere mich noch genau. Die deutsche Polizei scheint ja sehr streng zu sein', antwortet David.

'Das ist wahr,' meint Peter 'mein Nachbar hat mir vor kurzem erzählt, daß diese Strecke mit Radar kontrolliert wird. Normalerweise wird man gar nicht angehalten, sondern einfach angezeigt. Also ich finde, daß es viel wichtiger wäre, die wirklichen Verkehrsverbrecher zu schnappen. So viele Unfälle werden durch unvorsichtiges Überholen verursacht. Wenn man doch etwas dagegen tun könnte!'

David weiß die Antwort: 'Dann sollte man Frauen das Fahren verbieten!'

'Also, David, du bist schrecklich altmodisch. Frauen verhalten sich am Steuer oft besser als Männer. Viel besser ist der Vorschlag, daß man Verkehrserziehung schon in der Schule lernen sollte!'

'Ja, du hast natürlich recht.'

19   AUFGABE

THE SUBJUNCTIVE AND THE CONDITIONAL

Take a good look at this chapter!
The subjunctive expresses something in which a supposition or a condition is implicit, whereas the indicative expresses a fact.

Indicative	**Subjunctive**
ich mache es	ich würde es machen
I do it	I would do it

The subjunctive mood has the same tenses as the indicative but we will only discuss the most important tenses. They are best explained by examples.

Some important **weak** and **mixed verbs** add an Umlaut (¨) to the indicative:

ich hätte	I would have
ich wüßte	I would know

ich könnte	I could, would be able to
ich müßte	I would have to
ich dürfte	I could, would be allowed to
ich möchte	I should like to

with the exception of

| ich sollte | I ought to, I should |
| ich wollte | I should want to, wish to |

Strong verbs with a root vowel e or i cannot add the Umlaut:

bleiben	ich bliebe	I would stay, remain
geben	ich gäbe	I would give
gehen	ich ginge	I would go
kommen	ich käme	I would come
tun	ich täte	I would do

Perfect tense   The auxiliary verb is made subjunctive:

er hat es gemacht	**becomes**	er habe es gemacht
		he would have done it
er ist gekommen	**becomes**	er sei gekommen
		he would have come

Pluperfect tense   is formed from the imperfect subjunctive of haben and a past participle:

er hatte es gemacht	**becomes**	er hätte es gemacht
		he would have done it
er war gekommen	**becomes**	er wäre gekommen
		he would have come

Future tense   The auxiliary verb is made subjunctive:

er wird bald kommen	**becomes**	er werde bald kommen
		he would soon be
		coming

The imperfect often replaces the present subjunctive without changing the meaning.

Examples (with reported speech)

Er ist krank	He is ill
Man sagt: 'Er ist krank'	They say: 'He is ill'
Man sagte, er sei krank	They said he is ill
Man sagte, er wäre krank	They said he is ill
Er hat es getan	He has done it
Man sagt: 'Er hat es getan'	They say: 'He has done it'
Man sagte, er habe es getan	They said he had done it
Man sagte, er hätte es getan	They said he had done it
Er ist gekommen	He has come
Man sagt: 'Er ist gekommen'	They say: 'He has come'
Man sagte, er sei gekommen	They said he had come
Man sagte, er wäre gekommen	They said he had come

The Conditional   is formed by **würde/würden** and an infinitive:

Indicative	*Conditional*
ich mache es	ich würde es machen
I do it	I would do it
ich habe es gemacht	ich würde es gemacht haben
I have done it	I would have done it
Ich würde es tun	I would do it
Würden Sie das wirklich tun?	Would you really do it?
Natürlich würde ich das nicht machen	Of course I wouldn't do it
Würden Sie lieber eine Zigarette rauchen?	Would you rather smoke a cigarette?
Würden Sie nicht lieber etwas anderes trinken?	Wouldn't you rather drink something else?

Other uses   The imperfect and pluperfect are used to express a wish—a condition:

wenn ich das hätte	if I had that
wenn ich das getan hätte	if I had done that
wenn ich dort wäre	if I were there
wenn ich dort gewesen wäre	if I had been there

The subjunctive is also used after **als ob, angenommen**:

Als ob das meine Schuld wäre!	As if it were my fault!
Angenommen, Sie hätten Zeit	Supposing you had time

Examples

Ich sagte, er würde rechtzeitig ankommen	I said he would come in time
Als ob ich das wüßte!	As if I would know that!
Er fragte, ob er das tun dürfe	He asked whether he is allowed to do it
Man sagte, er hätte es schon getan	They said he had already done it
Wenn er jetzt hier wäre, würde er es auch sehen	If he were here now he would also see it
Ich hätte es tun können, wenn ich es früher gewußt hätte	I would have been able to do it if I had known earlier
Was würden Sie tun, wenn Sie reich wären?	What would you do if you were rich?
Wenn man solche Sachen nur im vorhinein wüßte, könnte man viel Unheil vermeiden	If one only knew these things in advance one could avoid a lot of trouble

THEMA: RAUSCHGIFT

Debatte (f) (-n) debate, discussion	
Droge (f) (-n) drug	
Einstellung (f) (-en) attitude	
Gefängnis (n) (-se) prison	
dummes Gerede (n) (-) talking nonsense	
Jugendlicher (m) (J'liche) youth	
kleine Mengen small doses	
Opfer (n) (-) victim	
Rauschgift (n) (-e) narcotics, drugs	
Theaterstück (n) (-e) play	
zum Tode führen to lead to death	

ärgern	to annoy
betonen	to emphasize
einnehmen	to take (in)
erwidern	to reply
fordern	to demand
fortfahren	to continue
hinzufügen	to add
stecken	to put
teilnehmen	to take part
übertreiben	to exaggerate
umschalten	to switch over
unterbrechen	to interrupt
verderben	to corrupt
vorwerfen	to reproach

hitzig	heated
praktisch	practical
regelmäßig	regular
unschädlich	harmless
völlig	completely

Frau Wallner, David und Peter sitzen am Frühstückstisch und Frau Wallner sagt:

'Gestern abend gab es im Fernsehen eine sehr hitzige Debatte über Rauschgift. Es nahmen drei Personen daran teil, darunter ein englischer Medizinstudent. Er sagte, daß Rauschgift in kleinen Mengen völlig unschädlich sei, worauf ihn der deutsche Arzt unterbrach und ihm vorwarf, daß er mit solch einer Einstellung eine Gefahr für die Öffentlichkeit sei. Er fügte hinzu, daß das regelmäßige Einnehmen von Drogen langsam zum Tode führen könnte.

Dazu erwiderte der Engländer, daß er doch etwas übertreibe und erinnerte den Arzt, daß Alkohol und Rauchen bisher mehr Opfer gefordert hätten, als Rauschgift. Er fuhr aber fort, daß auch er lieber eine Welt ohne Drogen sehen würde, betonte aber, daß es sie nun mal gibt und es Zeit wäre, der Realität ins Auge zu sehen und den Jugendlichen praktisch zu helfen. Er sagte, es wäre falsch, diese jungen Leute ins Gefängnis zu stecken.'

'Was hatte dieser Arzt denn dazu zu sagen?' fragte David.

'Er hielt das für dummes Gerede und sagte, daß die Jugend von heute verdorben sei. Daraufhin habe ich mich so geärgert, daß ich auf ein anderes Programm umschaltete und mir ein Theaterstück ansah.'

MITGLIEDER DES GEMEINSAMEN MARKTES ODER DER EUROPÄISCHEN GEMEINSCHAFT (EEC) (IN ALPHABETISCHER ORDNUNG)

Belgien
Hauptstadt Brüssel
Einwohner die Belgier
Sprache Flämisch
Französisch

Frankreich
Hauptstadt Paris
Einwohner die Franzosen
Sprache Französisch

Dänemark
Hauptstadt Kopenhagen
Einwohner die Dänen
Sprache Dänisch

Großbritannien
Hauptstadt London
Einwohner die Briten
Sprache Englisch

Deutschland
Hauptstadt Bonn
Einwohner die Deutschen
Sprache Deutsch

Holland (Niederlande)
Hauptstadt der Haag
Einwohner die Holländer
Sprache Holländisch

Irland
Hauptstadt Dublin
Einwohner die Iren
Sprache Englisch
  Gälisch

Luxemburg
Hauptstadt Luxemburg
Einwohner die Luxemburger
Sprache Französisch
  Letzeburgisch

Italien
Hauptstadt Rom
Einwohner die Italiener
Sprache Italienisch

MITGLIEDER DER EFTA
(European Free Trade Association)

Finnland (assoziiertes Mitglied)
Hauptstadt Helsinki
Einwohner die Finnen
Sprache Finnisch

Portugal
Hauptstadt Lissabon
Einwohner die Portugiesen
Sprache Portugiesisch

Island
Hauptstadt Reykjavik
Einwohner die Isländer
Sprache Isländisch

Schweden
Hauptstadt Stockholm
Einwohner die Schweden
Sprache Schwedisch

Norwegen
Hauptstadt Oslo
Einwohner die Norweger
Sprache Norwegisch

die Schweiz
Hauptstadt Bern
Einwohner die Schweizer
Sprache Deutsch, Französisch,
  Italienisch

Österreich
Hauptstadt Wien
Einwohner die Österreicher
Sprache Deutsch

Liebe Studenten!

Wenn Sie den Rat, täglich etwas zu lernen, befolgt haben, dann können Sie sich mit Genuß über die nächsten Abschnitte machen.

Die Berichte sind zwar hauptsächlich als Geläufigkeitsübungen gedacht, aber sie sind interessant, informativ, teils heiter, teils ernst und manche leichter, manche schwerer. Außerdem gibt es noch Beiträge eines Musikexperten über berühmte Komponisten, und Sie haben die Möglichkeit, schöne Gedichte zu lesen und Volkslieder zu lernen.

Übrigens, unser Freund David ist nicht mehr nach Österreich gekommen, weil er dazu nicht genug Geld übrig hatte.

Die jeweiligen Autoren dieser Berichte haben alle Germanistik studiert, und so haben Sie die Gelegenheit, nicht nur ausgezeichnetes Deutsch, sondern auch verschiedene Schreibweisen kennenzulernen.

Das wird Ihnen helfen, flüssig zu sprechen und vorallem—und das ist besonders wichtig—mit dem deutschen Gedankengang vertraut zu werden.

Wenn Sie mal ein Wort nicht verstehen, machen Sie sich keine zu großen Sorgen, schlagen Sie im Wörterbuch nach; und so lernen Sie auch gleich ganze Wortfamilien.

Also, hinein ins Vergnügen—und viel Spaß!

TABLE OF
IRREGULAR VERBS

Infinitive	*Perfect*	*Past participle*
beginnen	begann	begonnen
behalten	behielt	behalten
bekommen	bekam	bekommen
benehmen	benahm	benommen
besprechen	besprach	besprochen
betreten	betrat	betreten
betrinken	betrank	betrunken
bleiben	blieb	geblieben
bringen	brachte	gebracht
denken	dachte	gedacht
einladen	einlud	eingeladen
empfehlen	empfahl	empfohlen
entscheiden	entschied	entschieden
entschließen	entschloß	entschlossen
fahren	fuhr	gefahren
fallen	fiel	gefallen
finden	fand	gefunden
fliegen	flog	geflogen
geben	gab	gegeben
gefallen	gefiel	gefallen
gehen	ging	gegangen
haben	hatte	gehabt
halten	hielt	gehalten
hängen	hing	gehangen
heißen	hieß	geheißen
kennen	kannte	gekannt
kommen	kam	gekommen
können	konnte	gekonnt
lassen	ließ	gelassen
laufen	lief	gelaufen
lesen	las	gelesen
liegen	lag	gelegen

mögen	mochte	gemocht
müssen	mußte	gemußt
nehmen	nahm	genommen
riechen	roch	gerochen
rufen	rief	gerufen
scheinen	schien	gescheint
schlafen	schlief	geschlafen
schließen	schloß	geschlossen
schreiben	schrieb	geschrieben
sehen	sah	gesehen
senden	sandte	gesandt
singen	sang	gesungen
sitzen	saß	gesessen
sprechen	sprach	gesprochen
stehen	stand	gestanden
tragen	trug	getragen
treffen	traf	getroffen
trinken	trank	getrunken
tun	tat	getan
verbieten	verbot	verboten
verbinden	verband	verbunden
verbringen	verbrachte	verbracht
verderben	verdarb	verdorben
vergessen	vergaß	vergessen
verhalten	verhielt	verhalten
verlassen	verließ	verlassen
vermeiden	vermied	vermieden
verschieben	verschob	verschoben
verstehen	verstand	verstanden
verzeihen	verzieh	verziehen
vorschlagen	vorschlug	vorgeschlagen
wissen	wußte	gewußt
zerbrechen	zerbrach	zerbrochen

WÖRTERVERZEICHNIS

abbiegen: to turn off
Abend (m) (-e): evening;
  -essen (n) (-): -meal
abends: in the evening
aber: but
abnehmen: to take from/off
abreisen: to leave for, set out
absagen: to call off, renounce
Abschnitt (m) (-e): section, unit
acht: eight
Achtel (n) (-): an eighth
achtgeben: to take care, careful
Ahnung (f) (-): presentiment, idea
Alkohol (m) (-): alcohol
alle: all
alles: everything
als: than, when
also: so, therefore, consequently
alt: old
altmodisch: old fashioned
am: on the
an: at, on, in, to, against, near
anbraten: to fry quickly
andermal: another time
anders: different
Anfang (m) (A'fänge): beginning,
  start
anhalten: to stop

anklagen: to accuse of, charge
  with
ankommen: to arrive
anmelden: to book, register,
  announce
annehmen: to accept, assume,
  adopt
Anruf (m) (-e): telephone call
anrufen: to call, implore
ansehen: to look at, examine
anstatt: instead of
Antwort (f) (-en): answer, reply
antworten: to answer, reply
anzeigen: to inform, notify,
  give notice of
Apfel (m) (Äpfel): apple
Appetit (m) (-): appetite
April (m) (-): April
Arbeit (f) (-en): work, job, labour;
  -splatz (m) (A'plätze): place of
  work
arbeiten: to work
ärgern: to annoy, irritate
Arm (m) (-e): arm
arm: poor
Arzt (m) (Ärzte): doctor,
  physician
Atem (m) (-): breath, breathing

atmen: to breathe
Atom (n) (-): atom
auch: also, too
auf: on, upon, of, at, by, to, for
aufbauen: to build, to erect
Aufenthalt (m) (-e): stay, residence
Aufgabe (f) (-n): lesson, exercise, task
aufgeben: to send, give up, assign
aufgießen: to add water, pour upon
aufhalten: to stop, hold open, stay
aufhören: to quit, stop, cease
aufmachen: to open, answer the bell
aufregen: to excite, agitate, irritate
Auge (n) (-n): eye
Augenblick (m) (-e): moment, instant
August (m) (-): August
aus: out of, from, out
ausgezeichnet: excellent, first class
Auskunft (f) (A'künfte): information;
   -sstelle (f) (-n): information desk, bureau, inquiry desk
aussteigen: to get off, step out
außerdem: apart from, besides
außerhalb: outside, beyond, out of
Ausverkauf (m) (-): sale, clearance
Ausweis (m) (-e): identification, identity card
Auto (n) (-s): car
Autor (m) (-en): author

Bach (m) (Bäche): stream
Bäcker (m) (-): baker
Bad (n) (Bäder): bath
Bahnhof (m) (B'höfe): railway station;
-station (f) (-en): railway station, depot;
-steig (m) (-e): platform
bald: soon, shortly
Ball (m) (Bälle): ball, dance
Band (n) (Bänder): ribbon, tape
Bank (f) (-en): bank, bench;
   -angestellter (m): bank clerk;
   -konto (n) (B'konten): bank account
Baugelände (n) (-): building site, area
Baum (m) (Bäume): tree
Baustelle (f): building site, area
Becher (m) (-): cup, beaker
bedanken: to thank, return thanks to
beginnen: to start, begin
behalten: to keep, retain
bei: at, near, by, with, in
beide: both, the two
Bein (n) (-e): leg
bekommen: to get, receive, obtain
benehmen: to behave, conduct
beobachten: to watch, observe
Berg (m) (-e): mountain, hill
Bericht (m) (-e): report,
berühmt: famous, celebrated
besonders: especially, particularly
besprechen: to talk over, discuss
Besprechung (f) (-en): discussion, conference
besser: better
bestellen: to order, subscribe to
Bestellung (f) (-en): order, commission
bestimmt: definite, fixed, decided
Besuch (m) (-e): visit, call
besuchen: to visit, call
betonen: to emphasize, stress
betreten: to tread on, enter
betrinken: to get drunk

Bett (n) (-en): bed
bevor: before
bezahlen: to pay, settle
Bibel (f) (-n): Bible
Bier (n) (-e): beer, ale;
 -brauer (m) (-): brewer
Bild (n) (-er): picture, image
billig: cheap
bin: am
bis: until, till, as far as
bis zu: up to
bißchen: a little, a little bit
bitte: please
blau: blue
Blei (n) (-): lead;
 -stift (m) (-e): pencil
bleiben: to stay, remain
blond: blond, fair haired
Blume (f) (-n): flower
Blut (n) (-): blood
Bohne (f) (-n): bean
Bombe (f) (-n): bomb
Boot (n) (-e): boat, dinghy
böse: angry, annoyed, spiteful
brauchen: to need, require
brauen: to brew
braun: brown
breit: broad, wide
Brief (m) (-e): letter, note;
 -freund (m) (-e): pen friend;
 -tasche (f) (-n): wallet, letter
 case
bringen: to bring, fetch
Brot (n) (-e): bread
Bruch (m) (Brüche): fraction,
 breach
Brücke (f) (-n): bridge
Bruder (m) (Brüder): brother
Brust (f) (Brüste): breast;
 -kasten (m) (-): chest
Buch (n) (Bücher): book
buchen: to book
Büchse (f) (-n): tin, box, case

Büro (n) (-s): office, bureau
Bus (m) (-se): bus;
 -haltestelle (f) (-n): bus stop
Busch (m) (Gesträuch): bush,
 shrub
Butter (f) (-): butter

Café (n) (-s): café, coffee house
Café-Konditorei (f) (-en): pastry
 shop
Cognac (m) (-): brandy

da: here, there
dabei: with it, to take part in,
 near by
Dachs (m) (-e): badger
dadurch: through there, by that,
 thereby
dagegen: against it, that
dahinter: behind that, beyond
damals: then, at that time
Dame (f) (-n): lady
damit: with that, by it
danach: after that, afterwards
Dank (m) (-): thanks, gratitude
dankbar: thankful, grateful
dann: then, at that time
daraus: from this, that, there
darüber: about it, above it
darum: because of that, about it
das: the (n), who, which
daß: that, so that
Datum (n) (Daten): date
Daumen (m) (-): thumb
davon: of, about, by it
dazu: to it, to add to
dazwischen: between, among
Debatte (f) (-n): debate,
 discussion
debattieren: to debate, discuss
dein: your
denken: to think, cogitate
denn: then, than, but

der: the (m), that, this, he, who
deshalb: therefore, for that reason
Dezember (m) (-): December
dich: you, yourself
dick: thick, fat, big, bulky
die: the (f) who, that,
Dienstag (m) (-e): Tuesday
diese: this, these,
direkt: direct
Diskussion (f) (-en): discussion, talk
diskutieren: to discuss, debate
doch: yet, though, however, yes
Dom (m) (-e): dome, cathedral
Donnerstag (m) (-e): Thursday
dort: there, from there
drehen: to turn
drei: three
Drittel (n) (-): a third
Droge (f) (-n): drug
drüben: over there, on the other side
dumm: silly, dense, stupid, slow
dunkel: dark, gloomy
dünn: thin, slender, slim
dünsten: to stew, steam
durch: through, by means of
durchdenken: to think over
durchführen: to carry out, bring about
durchstreichen: to cross out, cancel
dürfen: may, might, to be permitted
D-Zug (m) (D-Züge): through, express train

eben: even, level, precisely
eher: sooner, earlier
Ehre (f) (-): honour, praise, glory
ehrlich: honest, sincere
Ei (n) (-er): egg
eigentlich: actually

Eile (n) (-): hurry, haste
eilig: hasty, fast, to be in a hurry
ein: a (m, n)
einfach: simple, plain, single
einige: a few, some
Einkauf (m) (Einkäufe): purchase, buy
einkaufen: to buy, purchase
einladen: to invite
Einladung (f) (-en): invitation
einmal: once, one time
einnehmen: to take (medicine, etc.)
eins: one
Einstellung (f) (-en): attitude, view
einstweilen: for the time being
Einzimmerwohnung (f) (-en): one bedroom flat
Eis (n) (-): ice
elf: eleven
Eltern (pl): parents
empfehlen: to recommend, to advise
Ende (n) (-n): end
endlich: at last
entdecken: to discover, find out
entlang: along
entscheiden: to decide
Entscheidung (f) (-en): decision
entschließen: to intend, decide, determine, resolve
entschuldigen: to excuse, apologise
er: he
erinnern: to remember, recall, remind
erkälten: to catch cold
Erkältung (f) (-en): cold, chill
erledigen: to settle, carry through
ernst: serious, stern
erwarten: to expect, await
erwidern: to reply, answer

erzählen: to tell, narrate, relate
es: it, this, that
Esel (m) (-n): donkey
essen: to eat, dine
ewig: for ever, eternal, endless

Fähre (f) (-n): ferry
fahren: to drive, go, ride
Fahrkarte (f) (-n): ticket (travel);
-nschalter (m) (-): ticket office
Fahrplan (m) (F'pläne): timetable
Fall (m) (Fälle): case, fall, drop
fallen: to fall, drop, decline
falsch: wrong, false, phoney
Familie (f) (-n): family
Farbe (f) (-n): colour
fast: almost, nearly
Fenster (n) (-): window
Fernseher (m) (-): television set
fertig: ready, prepared, finished
feucht: damp, moist, humid
Feuer (n) (-): fire, flame, light
finden: to find, discover
Finger (m) (-): finger
Firma (f) (Firmen): company,
firm
Firmenauto (n) (-s): company car
Fisch (m) (-e): fish
fischen: to fish
Fischer (m) (-): fisherman
Flasche (f) (-n): bottle
Fliege (f) (-n): fly
fliegen: to fly, rush, wing
Flugzeug (n) (-e): aeroplane
Fluß (m) (Flüsse): river
flüssig: fluid, liquid
fordern: to demand, ask
Formular (n) (-e): form, docu-
ment
Forschung (f) (-en): research,
investigation
fortfahren: to go away, continue
Frage (f) (-n): question, query

fragen: to ask, inquire, query
Frau (f) (-en): Mrs, woman, wife
Fräulein (n) (-): Miss, young girl
frei: free, exempt
Freitag (m) (-e): Friday
Freude (f) (-n): joy, delight
freuen: to enjoy, to give pleasure
Freund (m) (-e): friend
Freundin (f) (-nen): (girl) friend
freundlich: kind, friendly
frisch: fresh, chilly, new
Fröhlichkeit (f) (-en): gladness
früher: earlier, sooner
Frühling (m) (-e): spring time
Führerschein (m) (-e): driving
licence
fünf: five
für: for, instead of
fürchten: to be afraid of, fear,
dread
Fuß (m) (Füße): foot

ganz: whole, entire, total
ganztägig: all day
Garten (m) (Gärten): garden
Gas (n) (-e): gas
Gast (m) (Gäste): guest
Gästezimmer (n) (-): guest room
Gastfreundschaft (f) (-): hospitality
geben: to give, present with
Gedanke (m) (-n): thought,
intention;
-ngang (m) (G'gänge): train of
thought
Gedicht (n) (-e): poem
Geduld (f) (-): patience
Gefahr (f) (-en): danger, peril
gefährlich: dangerous, risky
gefallen: to like, be pleased with
Gefängnis (n) (-se): prison
gegen: against, versus
gegenüber: opposite

gegenwärtig: presently, nowadays

gehen: to go, leave

Geige (f) (-n): violin, fiddle

Geläufigkeit (f) (-en): fluency, readiness

gelb: yellow

Geld (n) (-er): money

Gelegenheit (f) (-en): opportunity, chance

genau: exact, accurate, precise

gerade: straight, just, at this moment

Gerechtigkeit (f) (-en): justice, fairness

Gericht (n) (-e): court of law, dish, course

gern: gladly, willingly, with pleasure

Geschäft (n) (-e): business, shop; -smann (m) (G'männer): business man; -sreise (f) (-n): business trip

Geschenk (n) (-e): present, gift

Geschichte (f) (-n): story, history

Geschwindigkeit (f) (-en): speed, velocity; -sbegrenzung (f) (-en): speed limit

Gespräch (n) (-e): discussion, talk

gestern: yesterday

gesund: healthy, sound, sane

gewaltig: powerful, mighty

Gewerkschaft (f) (-en): union; -sführer (m) (-): union leader

Glas (n) (Gläser): glass

glauben: to believe, trust

gleich: same, even, soon

gleichzeitig: at the same time

Glück (n) (-): luck, happiness

glücklich: lucky, happy

Gold (n) (-): gold

golden: golden

Gras (n) (Gräser): grass

grau: grey

groß: large, big, tall, huge, great

grün: green, unripe

grüßen: to greet, to say hello

gut: good, kind, good natured

Haar (n) (-e): hair

haben: to have

halb: half, by halves

Hälfte (f) (-n): by half, half

halten: to hold, to keep, retain

Hammer (m) (Hämmer): hammer

Hand (f) (Hände): hand; -tuch (n) (H'tücher): hand towel

hängen: to hang, put on

hart: hard, harsh, difficult, firm

häßlich: ugly, hideous

hat: has

hatte: had

Hauch (m) (-e): breeze, puff, breath

Hauptbahnhof (m) (H'höfe): main railway station

hauptsächlich: mainly, chiefly

Haus (n) (Häuser): house; -tür (f) (-en): front door

Haut (f) (Häute): hide, skin

Heim (n) (-e): home

heiraten: to marry

heiß: hot, torrid

heißen: to be called, to name, mean

heiter: cheerful, serene

hell: light, bright, shining

herausstellen: to appear, bring out, to come to light

Herbst (m) (-): autumn

Herz (n) (-en): heart, centre of

heute: today

hier: here, there

Hilfe (f) (-n): help, aid, co-operation

hinauf: up, upstairs, up to

hindurch: through, throughout

hinter: behind, beyond

hinunter: down, downstairs, downwards

hinzufügen: to add, subjoin

hitzig: hot, hot-blooded, hot-headed

hoch: high, tall, steep

hoffentlich: hopefully

Hoffnung (f) (-en): hope, trust, expectation

hohl: hollow, empty

holen: to fetch, get, go for, come for

Honig (m) (-): honey

hören: to hear, listen

Hörer (m) (-): listener, receiver (telephone)

hübsch: pretty, lovely, nice

Hund (m) (-e): dog, hound

Hunger (m) (-): hunger, appetite

hungrig: hungry, starving

Hut (m) (Hüte): hat

Hütte (f) (-n): hut, cottage

Igel (m) (-): hedgehog

ihm: to him

ihn: him

ihr: her

im: in the

immer: always, every time

in: in, into, at

Inland (n): inland, home, native country;

-sreise (f) (-n): inland journey

innerhalb: within, inside

interessant: interesting

interessieren: to be interested

irren: to be mistaken, to be wrong

ist: is

ja: yes

Jahr (n) (-e): year;

-eszeit (f) (-en): time of year, season

Januar (m) (-): January

jeder: everybody, each, every

jedermann: everyone, everybody

jener: this, that, that one

jetzt: now, at present

jeweilig: according to (particular circumstances)

Journalist (m) (-en): journalist

Jugend (pl): youth;

-club (m) (-s): youth club;

-gruppe (f) (-n): youth group;

-lich: youthful, young;

-licher: (m) (J'liche): youth

jung: young

Junge: boy, youngster

Juni (m) (-): June

Kaffee (m) (-): coffee

Kaiser (m) (-): emperor

kalt: cold, chilly

Karte (f) (-n): card, chart, map

Käse (m) (-): cheese

Katze (f) (-n): cat

kaufen: to buy, purchase

Kaufhaus (n) (K'häuser): depart-ment store

kein: no, not a

kennen: to know;

-lernen: to meet someone

Kind (n) (-er): child, baby, kid

Kinn (n) (-e): chin

Kino (n) (-s): cinema

Kirche (f) (-n): church

Kirsche (f) (-n): cherry

Kissen (n) (-): cushion, pillow

Kleid (n) (-er): dress, frock, garment

klein: little, small

klopfen: to knock, to beat

klug: wise, clever, bright
Knabe (m) (-n): boy, youngster
Knall (m) (-e): clap, bang, crack
Knie (n) (-): knee
Knolle (f) (-n): lump, bulb, clod
Koffer (m) (-): case, trunk
Kollege (m) (-n): colleague
kommen: to come, approach
Komponist (m) (-en): composer
Konditorei (f) (-en): pastry shop
König (m) (-e): king
Königin (f) (-nen): queen
können: to be able to, can
Kontrolle (f) (-n): check, control
kontrollieren: to check up,
   examine
Kopf (m) (Köpfe): head
kosten: to cost, to try, to taste
krank: ill, sick, unwell
Kreide (f) (-n): chalk
Kreuzung (f) (-en): crossroad,
   intersection
Krieg (m) (-e): war
Krimi (m) (-s): thriller
kriminell: criminal
Kuchen (m) (-): cake
Kugelschreiber (m) (-): (ball-
   point) pen
kühl: cool, fresh
kurz: short, brief
Kuß (m) (Küsse): kiss

lachen: to laugh
Lamm (n) (Lämmer): lamb
Lampe (f) (-n): lamp
Land (n) (Länder): land, country
landen: to land, dock
lang: long, tall
langsam: slow
lassen: to let, leave, allow
Laub (n) (-): leaves, foliage
laufen: to run, to move, flow
laut: loud, aloud, noisy

läuten: to ring the bell, sound
leben: to live, alive
Lebensmittel (f) (-): groceries, food
legen: to put, to lie (down)
Lehre (f) (-n): lesson, apprentice
Lehrer (m) (-): teacher
Lehrerin (f) (-nen): school
   mistress
Leib (m) (Leiber): body
leicht: easy, simple
leider: unfortunately
Leine (f) (-n): lead, line, rope
Leitung (f) (-en): cable, circuit,
   management, pipe
lernen: to learn, study
lesen: to read, lecture
letzte: last
Leute (pl): people
Licht (n) (-er): light, lighting
Liebe (f) (-): love
lieben: to love
liegen: to lie, rest
Lippe (f) (-n): lip
Liste (f) (-n): list, register,
   catalogue
Lob (n) (-): praise
Loch (n) (Löcher): hole, perfora-
   tion
Lohn (m) (Löhne): wage;
   -erhöhung (f) (-en): wage rise,
   increase
Lösung (f) (-en): solution
Lüge (f) (-n): lie, untruth
lügen: to lie
Lunge (f) (-n): lungs
Lust (f) (-): pleasure, delight, joy

machen: to make, produce,
   manufacture
mächtig: powerful, mighty
Mädchen (n) (-): girl
mager: lean, slender, thin
Mahl (n) (-): dinner, meal

Mai (m) (-): May
man: one, we, you, they, people
manche: some, diverse, different
manchmal: sometimes, from time to time
Mann (m) (Männer): man
Mantel (m) (Mäntel): coat, cloak, cover
März (m) (-): March
Maus (f) (Mäuse): mouse
Medizin (f) (-): medicine, physic; -student (m) (-en): medical student
mehr: more
mein: my
melden: to report, announce
Melone (f) (-n): melon, bowler hat
Mensch (m) (-en): human being, man, person
mich: me
Milch (f) (-): milk
mild: mild, light
Minute (f) (-n): minute
mir: to me
mit: with, by, at
Mitglied (n) (-er): member; -skarte (f) (-n): membership card
mitkommen: to come along with, follow
Mittag (m) (-e): midday; -essen (n) (-): lunch; -spause (f) (-n): lunch break
Mitte (f) (-n): middle, centre of
Mitternacht (f): midnight
Mittwoch (m) (-): Wednesday
möchten: to want, request, like to
mögen: to want, request, like to
möglich: possible, likely
Möglichkeit (f) (-en): possibility, chance
Moment (m) (-e): moment, instant
Monat (m) (-e): month

Mond (m) (-): moon; -schein (m): moonlight, moonshine
Montag (m) (-e): Monday
morgen: tomorrow
Morgen (m) (-): morning, dawn
Motte (f) (-n): moth
müde: tired, weary
mürrisch: discontented, gloomy
müssen: to have to, must
Mutter (f) (Mütter): mother

nach: to, for, after
Nachbar (m) (-n): neighbour
nachdem: after, afterwards
nachgeben: to give in, comply with
Nachmittag (m) (-e): afternoon
nächste: next, nearest
Nacht (f) (Nächte): night
nahe: near, close to, nearby
Name (m) (-n): name, reputation
natürlich: naturally, of course
neben: next to, beside, by the side of
Neffe (m) (-n): nephew
nehmen: to take
nein: no
Nessel (f) (-n): nettle
nett: nice, friendly, kind
Netz (n) (-e): net, netting
neu: new, fresh, modern
neun: nine
nicht: not
Nichte (f) (-n): niece
Nichtraucher (m) (-): non-smoker
niemand: nobody, no one, not any
noch: still, yet
normalerweise: normally, usually
November (m) (-): November

Nummer (f) (-n): number

ob: if, when

obwohl: although, though

oder: or

offen: open, vacant, free

Öffentlichkeit (f) (-): public

öffnen: to open, to unlock

oft: often, frequently

ohne: without

Ohr (n) (-en): ear

Oktober (m) (-): October

Onkel (m) (-): uncle

Oper (f) (-n): opera, opera house

Opfer (n) (-): victim, sacrifice

Orange (f) (-n): orange

orange: orange (colour)

Ordnung (f) (-): order, tidiness

Osten (m) (-): east, Orient

östlich: eastern, oriental

paar: a few, some, a couple of

Paar (n) (-e): a couple, pair

Papier (n) (-e): paper, (pl. documents)

Paß (m) (Pässe): passport

Paßamt (n) (P'ämter): passport office

Person (f) (-en): person

persönlich: personally, in person

Pfeife (f) (-n): pipe, whistle

Pfennig (m) (-e): penny

Pflaume (f) (-n): plum

Pfund (n) (-e): pound

Platz (m) (Plätze): place, spot, locality

plötzlich: suddenly, sudden

Polizei (f) (-): police;

-auto (n) (-s): police car

Polizist (m) (-en): policeman

Post (f) (-): post;

-amt (n) (P'ämter): post office

praktisch: practical, useful, handy

Preis (m) (-e): price, cost

Premierminister (m) (-): prime minister

prima: first class, marvellous

privat: private

Privatauto (n) (-s): privately owned car

probieren: to try, to attempt

Problem (n) (-e): problem

Programm (n) (-e): programme

Prozent (n) (-e): percentage, per cent

Quäker (m) (-): Quaker

Qual (f) (-en): torture, torment, pain

Rabe (m) (-n): raven

rächen: to revenge, avenge

Radar (n) (-): radar

Radio (n) (-s): radio, wireless

Rand (m) (Ränder): edge, brink, border

Raspel (f) (-n): rasp

Rat (m): advice, counsel, consultation;

-haus (n) (R'häuser): town hall, city hall

Rätsel (n) (-): puzzle, riddle, mystery

Räuber (m) (-): robber, raider

rauchen: to smoke

rauh: rough, uneven, sore

Rausch (m) (-e): intoxication, drunkenness;

-gift (n) (-e): narcotic drug;

-giftsüchtig: drug addicted

Realität (f) (-en): reality

recht: right

Recht (n) (-e): right, justice, privilege

rechts: right

rechtzeitig: in time, punctually, in due course, in good time

reden: to speak, talk
reduzieren: to reduce, decrease, lower
regelmäßig: regular, clockwise
Regierung (f) (-en): government
regnen: to rain, drizzle
reich: rich, wealthy, well off
Reihe (f) (-n): file, rank, row, series
Reis (m) (-): rice
Reise (f) (-n): journey, trip, travel; -büro (n) (-s): travel agent, tourist office
reisen: to travel, to leave, set out
Rest (m) (-e): rest, remainder
retour: return
richtig: right, correct, proper
riechen: to smell, scent, stink
Ring (m) (-e): ring, link, circle
Rose (f) (-n): rose
rot: red
rotten: to rot, to flock together
rufen: to call, cry, shout
Ruhe (f) (-): quiet, calm, rest, peace, silence
ruhen: to rest

Sache (f) (-n): thing, object, affair
sagen: to say, tell
Sahne (f) (-): cream; -torte (f) (-n): cream cake
Salat (m) (-e): salad, lettuce
Salz (n) (-e): salt
Samstag (m) (-e): Saturday
sauer: sour, acid
Schachtel (f) (-n): box, case
schade: it is a pity, it is regretted, it is a shame
Schaf (n) (-e): sheep
Schäferhund (m) (-e): alsatian
Schalter (m) (-): desk
schämen: to be or feel ashamed

scharf: sharp, keen, hot, pointed
Schatten (m) (-): shadow
Schaufenster (n) (-): shop window
Schein (m) (-): light, glow, brightness
scheinen: to shine, to appear, seem
schicken: to send, to post, mail
Schiff (n) (-e): ship, vessel, boat
Schirm (m) (-e): umbrella
Schlaf (m) (-): sleep
schlafen: to sleep, to be asleep
schlank: slim, slender, thin
schlecht: bad, evil, wicked
schließen: to shut, close
Schluß (m) (Schlüsse): stop, finish, end
Schlüssel (m) (-): key
schmal: narrow, slender, slim
schmecken: to taste, to try
schnappen: to catch, grab, arrest
schnell: quick, fast, rapid
Schnellzug (m) (S'züge): fast train; -szuschlag (m) (S'zuschläge): supplement ticket
schon: already, yet
schön: beautiful, handsome, lovely
Schrank (m) (Schränke): cupboard
schrecklich: terrible, awful, frightful
schreiben: to write, type, register
Schreibtisch (m) (-e): desk, bureau
Schreibweise (f) (-n): style, way of writing
Schuh (m) (-e): shoe
Schuld (f) (-en): debt, obligation
Schule (f) (-n): school
Schüler (m) (-): pupil, student
Schulter (f) (-n): shoulder
schwanger: pregnant, expectant

schwarz: black
Schwein (n) (-e): pig;
  -sschnitzel (n) (-): pork fillet
schwer: difficult, heavy, hard
Schwester (f) (-n): sister
schwierig: difficult, hard, tough
Schwindel (m) (-): swindle,
  dizziness
sechs: six
sehen: to see, look
sehr: very
Seide (f) (-n): silk
sein: to be, to exist
seit: since, for
Seite (f) (-n): side, page
Sekunde (f) (-n): second
senden: to send, post, mail
September (m) (-): September
Serviererin (f) (-nen): waitress
setzen: to sit, put down, place, set
sickern: to trickle, leak, seep
Sie: you
sie: they, she
Sieb (n) (-e): sieve, colander
sieben: seven
Silber (n) (-): silver
silbern: silver
sind: are
singen: to sing, hum
Situation (f) (-en): situation
sitzen: to sit, to be seated
so: so, well then, now
Sohn (m) (Söhne): son
Soldat (m) (-en): soldier
sollen: should, shall, ought
Sommer (m) (-): summer
sondern: but (after negative)
Sonne (f) (-n): sun;
  -naufgang (m) (-): sunrise,
  dawn
Sonntag (m) (-e): Sunday
sonst: otherwise, else
Sorge (f) (-n): worry, sorrow

Spaß (m) (Späße): fun, joke
spät: late, belated
spazieren: to walk, stroll
Spaziergang (m) (S'gänge): walk,
  stroll
Speer (m) (-e): spear, javelin
Speise (f) (-n): meal;
  -wagen (m) (-): buffet car
Sperling (m) (-e): sparrow
sperren: to lock, close up, cancel
Spielplatz (m) (S'plätze): play-
  ground, recreation ground
Sport (m) (-): sport
Sprache (f) (-n): language
sprechen: to speak, say
Staat (m) (-en): state,
  government
Stadt (f) (Städte): town, city
Stahl (m) (-): steel
Stamm (m) (Stämme): stem,
  trunk, tribe
statt: instead of
stecken: to stick, put on, set
stehen: to stand
Stein (m) (-e): stone, rock
Stelle (f) (-n): place, spot, job
stellen: to put, place, set
Stern (m) (-e): star
Steuer (n) (-): steering wheel,
  rudder
Steuer (f) (-n): tax, duty
Stil (m) (-e): style, type, way, kind
still: still, quiet, calm, motionless
stimmen: to tune, vote, induce
Stock (m) (Stöcke): stick, cane,
  floor
Storch (m) (Störche): stork
Stoßzeit (f) (-en): rush hour
Straße (f) (-n): road, street;
  -nbahn (f) (-en): tram
Strecke (f) (-n): stretch, distance,
  route
streicheln: to stroke, caress, pet

Streichholz (n) (S'hölzer): match, light

Streik (m) (-e, -s): strike, walk out

streiken: to strike, walk out

streng: strict, hard, severe

Strich (m) (-e): stroke, line, dash

Strom (m) (Ströme): electric current, river

Strümpfe (pl): stockings

Strumpfhose (f) (-n): tights

Stück (n) (-e): piece, play

Student (m) (-en): student;
-enausweis (m) (-e): student identity card

studieren: to study, learn

Stuhl (m) (Stühle): chair, stool

stumm: mute, dumb, silent

Stunde (f) (-n): hour, lesson

stumpf: blunt

suchen: to look, seek

süchtig: addicted

Süden (m) (-): south

südlich: southern

süß: sweet, lovely, nice

Tafel (f) (-n): board, table

Tag (m) (-e): day;
-aus: day-out;
-esanbruch (m) (-): dawn, sunrise;
-eszeitung (f) (-en): daily paper;
-ein: day-in;
-süber: during the day

täglich: daily, every day

Tante (f) (-n): aunt

tanzen: to dance, hop

Tasche (f) (-n): bag, pocket

Tasse (f) (-n): cup, mug

Tee (m) (-): tea

teilnehmen: to take part, participate

Telefon (n) (-e): telephone;
-gespräch (n) (-e): t'call;

-rechnung (f) (-en): t'bill

Teppich (m) (-e): carpet, rug

teuer: expensive, dear, costly

tief: deep, steep, low, dark

Tinte (f) (-n): ink

Tisch (m) (-e): table, desk

Tochter (f) (Töchter): daughter

Tod (m) (-): death

Ton (m) (Töne): sound, tone, note, earth, pottery, clay

Torte (f) (-n): cake

tot: dead, deceased

tragen: to carry, transport

treffen: to meet, assemble

Treppe (f) (-n): staircase, stairs

trinken: to drink, to take a drink

trotz: in spite of, notwithstanding

tschüß: bye-bye

tun: to do, make, perform

Tür (f) (-en): door, doorway, gate

U-Bahn (f) (-en): underground (train)

üben: to practise, exercise

über: over, above, on top of, higher;
-holen: to overtake;
-setzen: to translate, set over

übrigens: besides, incidentally, however, by the way

Übung (f) (-en): exercise, drilling

Uhr (f) (-en): watch, clock

um: around, about, at, by

umgehen: to go a round-about way

umschalten: to switch over, change over

umsteigen: to change (trains, etc.)

und: and

Unfall (m) (Unfälle): accident, disaster

ungefähr: about, around, roughly

ungültig: invalid, null, void
Unheil (n) (-e): disaster, harm, trouble
Universität (f) (-en): university
unschädlich: harmless, disarming
unter: under, below, beneath, among, between, during;
-brechen: to interrupt, disconnect;
-bringen: to accommodate, store;
-halten: to entertain, to maintain;
-schreiben: to sign, subscribe to;
-stützen: to support, assist, help
Untergrund (f) (-): underground tube
Unterhaltung (f) (-en): entertainment, maintenance
Unterschrift (f) (-en): signature
unvorsichtig: careless, incautious
Urlaub (m) (-e): holiday

Vater (m) (Väter): father
Veilchen (n) (-): violet (plant)
Verabredung (f) (-en): date, meeting, appointment
verbessern: to improve
verbieten: to prohibit, forbid
verbinden: to link, connect, join, associate
verbringen: to spend, pass, remove
verderben: to corrupt, spoil, ruin
vergessen: to forget, overlook, omit
Vergnügen (n) (-): pleasure, joy
verhalten: to keep back, retain, behave, act
verheiraten: to marry
verkaufen: to sell, dispose of

Verkehr (m) (-): traffic, communication:
-serziehung (f) (-): kerb drill, road safety training;
-sverbrecher (m) (-): criminal driver
Verlag (m) (Verläge): publication, publishing firm
verlangen: to demand, require, desire
verlängern: to extend, prolong, lengthen
verlassen: to leave, abandon, quit
Verlobter (m) (V'lobte): fiancé
vermeiden: to avoid, elude
verreisen: to go on a journey, set out
versammeln: to assemble, gather, meet
versäumen: to miss, neglect
verschieben: to postpone, cut off
verschieden: different, various, several
verspäten: to be late, delayed, belated
verständlich: intelligible, understandable
verstehen: to understand
versuchen: to try, attempt
Vertrauen (n) (-): trust, faith, confidence
verzeihen: to forgive, pardon
viel: much, a lot
viele: many, a lot
vielleicht: perhaps, maybe
vier: four
Viertel (n) (-): quarter
Vogel (m) (Vögel): bird
Volkslied (n) (-er): folk-song
voll: full, entire, whole
völlig: complete, total, entire
von: from, by, about, of

vor: before, in front of, ago, to, of
vorallem: particularly
vorbeischauen: to drop in, not to look at each other
vorhinein: in advance
Vorschlag (m) (Vorschläge): suggestion, proposal
vorschlagen: to suggest, propose
vorsichtig: careful, cautious
vorstellen: to introduce, imagine
vorwerfen: to blame, to throw, reproach

Waage (f) (-n): scale, weighing machine
Wachs (n) (-e): wax
wachsen: to grow, swell, wax
Wachtmeister (m) (-): constable, sergeant-major
wahr: true, right, sincere, real, genuine
während: during, while
Wahrheit (f) (-en): truth
wahrscheinlich: probably
Wald (m) (Wälder): woods, forest
wann: when, whenever
war: was
warm: warm, hot
warten: to wait, await
warum: why
was: what
Wäsche (f) (-): washing, laundry
waschen: to wash, clean
Wasser (n) (-): water
Wechselgeld (n) (-er): change (money)
wechseln: to change, exchange
Weg (m) (-e): way, path, passage
wegen: because of, on account of
wehen: to blow, waving
weich: soft, tender, weak
weigern: to refuse, deny, decline
weil: because, since

Weile (f) (-n): a while, space of time
Wein (m) (-e): wine
weiß: white
weit: wide, broad, far
weiter: further, more
welcher: which, who
wem: to whom
wen: whom
Wendung (f) (-en): turn, turning-point
wenig: little
wenn: when, if
wer: who
Werk (n) (-e): work, job, works, factory
weshalb: why
Wespe (f) (-n): wasp
wessen: whose
Weste (f) (-n): waistcoat, vest
Wetter (n) (-): weather
wichtig: important, essential
Wichtigkeit (f) (-en): importance
wider: against, contrary to
wie: how, as, what, like, such
wieder: again, once more, anew
Wiese (f) (-n): lawn, meadow
wieso: why
wieviel: how much
wieviele: how many
wild: wild, uncivilized, savage
Wille (m) (-): will, intention, wish
Winter (m) (-): winter; -schlußverkauf (m) (W'verkäufe): winter sale
wir: we
wirklich: really, actual, true
wissen: to know, to be acquainted with
Wissenschaft (f) (-en): knowledge, science
wo: where, in which
woanders: elsewhere, somewhere

Woche (f) (-n): week
woher: where from, how, from what
wohnen: to live, dwell
Wohnung (f) (-en): flat, maisonnette, dwelling
wollen: want, will, to be determined
womit: what with, how, by which, in which
Wort (n) (-e) (Wörter): word
Wörterbuch (n) (W-bücher): dictionary
wundern: to wonder, to be surprised
Wurst (f) (Würste): sausage
würzen: to spice, season

Xanthippe (f) (-n): shrew

Zahl (f) (-en): number, figure
zahlen: to pay, to settle
zahm: tame, domestic
z.B. (zum Beispiel): for example, e.g.
zeigen: to show, indicate, point
Zeit (f) (-en): time, period, epoch
zerbrechen: to break, smash, shatter
zerstören: to destroy, demolish, ruin
Ziege (f) (-n): goat

ziemlich: fairly
Zigarre (f) (-n): cigar
Zigarrette (f) (-n): cigarette
Zimmer (n) (-): room, chamber
zu: to, at, in, on
Zucker (m) (-): sugar
zuerst: first, first of all, before all
zufällig: by chance, incidental, accidental
zufrieden: satisfied, content
Zug (m) (Züge): train, pull, stress
Zunge (f) (-n): tongue
zurück: back, backwards, behind;
 -fahren: to drive back, go back, return
zusammen: together, in all;
 -führen: to bring together, unite, run over (by car, train)
zuschicken: to send, post, mail
Zuschlagskarte (f) (-en): supplementary surcharge ticket
zuviel: too much
zuviele: too many
zwanzig: twenty
zwar: indeed, in fact, namely
zwei: two
Zwiebel (f) (-): onion
zwischen: between, among
zwölf: twelve
z.Zt. (zur Zeit): at present, at the moment

PART TWO
BILINGUAL READING

BEIM ARZT
Eine gründliche Untersuchung

(At the doctor's)
(A thorough examination)

Wenn Sie in Ihrem Urlaub einmal krank werden sollten, müssen Sie natürlich in der Lage sein, dem **Arzt** zu erklären, was Ihnen wehtut und wo. Nehmen wir an, Sie wollen sich gründlich untersuchen lassen. Sie rufen beim Arzt an, der Sie bittet, am nächsten Tag in seine **Präxis** zu kommen.

Der folgende Dialog findet zwischen dem Arzt und dem **Patienten** statt:

P: Guten Morgen, Herr Doktor. Ich habe Sie gestern angerufen. Mein Name ist . . .
A: Grüß Gott. Ja, ich erinnere mich. Was fehlt Ihnen?
P: Ich fühle mich müde und lustlos. Ich weiß nicht, was es ist.
A: Ich werde Sie mal untersuchen. Bitte, ziehen Sie sich aus und legen Sie sich auf das Bett.
Zuerst wollen wir uns den **Kopf** ansehen. Schließen Sie Ihre

Should you ever fall ill during your holiday, you must be able to explain to the **doctor** what hurts you and where. Let's assume you want to be examined thoroughly. You ring the doctor who then asks you to come to his **surgery** on the next day.

The following dialogue takes place between the doctor and the **patient**:

P: Good morning, Doctor. I 'phoned you yesterday. My name is . . .
D: Good morning, yes, I remember. What's wrong with you?
P: I feel tired and listless. I don't know what it is.
D: Well, I'll examine you. Please take off your clothes and lie on the couch.
First we'll take a look at your **head**. Close your **eyes**—and

Augen—und machen Sie sie auf.
Schauen Sie auf meinen **Finger**—
rechts, links, hinauf und hinunter.
Tragen Sie Brillen?
P: Ja, ich trage Brillen.
A: Machen Sie den **Mund** auf und
zeigen Sie mir die **Zunge**. Sagen
Sie Ahh. Mund zu und atmen
Sie durch die **Nase**. So, jetzt
werde ich mir die **Ohren** ansehen.
Ich sehe, Ihr rechtes Ohr ist ein
bißchen verstopft—sie haben
mehr Ohren**wachs** als im linken.
Wie ist Ihr **Gehör**?
P: Eigentlich recht gut.
A: Tut es Ihnen weh, wenn ich auf
den **Hinterkopf** drücke?
P: Nein, ich spüre gar nichts.
A: Lassen Sie mich den **Hals** und
das **Genick** sehen. Drehen Sie
Ihren Kopf nach rechts und nach
links. Nun zu Ihren **Schultern.**
Heben Sie den Arm, strecken Sie
Hand und **Finger** aus. Gut. Ihre
Brust: atmen Sie tief ein und aus.
Halten Sie den **Atem** an, und
nochmals tief ein- und ausatmen.
Spüren Sie **Schmerzen**?
P: Ein wenig an der linken Seite.
A: Haben Sie manchmal
Herzbeschwerden?
P: Ab und zu, wenn ich z.B. die
Treppe schnell hinauflaufe, dann
fühlt es sich an, als ob mir jemand
mit einer Nadel ins Herz sticht.
A: Es kann sein, daß Ihr
Übergewicht dabei eine Rolle
spielt. Stellen Sie sich auf die
Waage—tja, 85 Kilo ist für Ihre
Größe viel zuviel. Sie sind ja nur
1,78 Meter groß. Essen Sie mehr
Obst und Gemüse, dafür aber
weniger Süßigkeiten. Macht

open them. Look at my **finger**—
right, left, up and down. Do you
wear glasses?
P: Yes, I do (wear glasses).
D: Open your **mouth** and show me
your **tongue**. Say Ahh. Close
your mouth and breathe through
your **nose**. Right, now I'll look
at your **ears**. I see your right ear
is a little blocked up—you have
more **wax** in your right ear than
in your left. What is your
hearing like?
P: Quite good actually.
D: Does it hurt you if I press the
back of your **head**?
P: No, I don't feel anything.
D: Let me see your **throat** and
your **neck**. Turn your head to
the right and to the left. Now to
your **shoulders**. Lift your arm,
stretch **hand** and **fingers**. Good.
Your **chest**: breathe in deeply—
and out. Hold your **breath**—and
breathe in and out again. Do
you feel any **pain**?
P: A little on the left side.
D: Do you ever get a **pain in**
your **heart**?
P: From time to time. When I
run up the stairs quickly for
example. It feels as if someone is
sticking a needle into my heart.
D: It could be that your
(over)weight has something to do
with it. Stand on the **scales**—
well, 85 kilos is much too much
for your size. You're only 1,78
metres tall. You should eat more
fruit and vegetables and less
sweet things. Do you have any

Ihnen der **Magen** keine
Schwierigkeiten?
P : Nein, nie.
A : Wir werden eine **Röntgen-
aufnahme** machen, um zu
sehen, ob Ihre **Lunge** und **Leber**
in Ordnung sind.
 So, jetzt heben Sie bitte Ihr
rechtes **Bein**—und das linke. Ihre
Zehen sind auch in Ordnung.
Ihnen fehlt nichts anderes als eine
gute **Diät, frische Luft** und
Körperbewegung. Sie können sich
wieder anziehen, und ich bringe
Sie dann in den **Röntgensaal.**
Kommen Sie bitte in drei Tagen
wieder, bis dahin haben wir dann
die Röntgenbilder.

trouble with your **stomach?**

P : No, never.
D : We'll take an **X-ray photo-
graph** to see whether your **lungs**
and your **liver** are all right.

 Right, now please lift your right
leg—and your left. Your **toes** are
all right. There is nothing really
wrong with you that can't be
cured by a proper **diet, fresh air**
and **exercise.** You can get dressed
and then I'll take you to the
X-ray room. Come back in three
days please, we'll have the X-rays
by then.

WITZE

Sie sagte schmachtend, als sie vom Klavier zu ihm aufschaute: „Man sagt, daß Sie gute Musik vergöttern!" Und er antwortete: „Oh das macht nichts; spielen Sie nur weiter."

*

Chef (zur Stenotypistin): „Unternehmen Sie etwas am Sonntag Abend, Fräulein Löwe?"

Fräulein Löwe (hoffnungsvoll): „Nein, keineswegs."

Chef: „Wollen Sie sich dann bitte bemühen, am Montag frühzeitig hier zu sein?"

*

„Hast du jemals überlegt, was du tun würdest, wenn du Rockefellers Einkommen hättest?" „Nein, aber ich habe oft wissen wollen, was Rockefeller tun würde, wenn er meines hätte."

*

„Hast du gefunden, daß der Musikunterricht, den du deiner Tochter gabst, sich als gewinnbringende Anlage erwiesen hat?" „Ziemlich! Ich kaufte die beiden benachbarten Häuser um ihren halben Wert!"

*

Ein anrüchiger Sammler zeigte eben seine alten Kunstgegenstände einem Manne, der ihn ziemlich gut kannte, und er sagte: „Ich denke ernstlich daran, alle diese wertvollen Seltenheiten zu veräußern. Wieviel glauben Sie, werde ich dafür bekommen?" „Ich kann es nicht genau sagen," antwortete der andere, „aber ich würde meinen, ungefähr drei Jahre."

JOKES

Said she, languishingly, as she looked up at him from the piano. 'They say that you adore good music.' And he answered, 'Oh, that doesn't matter; go on!'

*

Employer (to typist): 'Are you doing anything on Sunday evening, Miss Lion?'

Miss Lion (hopefully): 'No, I'm not.'

Employer: 'Then will you please make an effort to get here early on Monday morning?'

*

'Have you ever thought what you would do if you had Rockefeller's income?' 'No, but I've often wondered what Rockefeller would do if he had mine.'

*

'Have you found that the musical education you gave your daughter has proved a profitable investment?'

'Rather! I bought the houses on either side of us for half their value!'

*

The shady collector was showing his antiques to a man who knew him pretty well, and he said, 'I have serious thoughts of disposing of all these valuable curios. How much do you think I shall get for them.' 'I can't quite say,' replied the other, 'but I should think about three years.'

Gastgeberin: „Herr Bart ist im Begriffe uns ein komisches Lied zu singen."

Gast: „Ich dachte es mir, als ich den Salzstreuer beim Mittagstisch umwarf, daß etwas Schreckliches geschehen werde!"

*

Dichter: „Ich beabsichtige, meine Verse unter dem Namen von Hans Schmidt zu veröffentlichen."

Aufrichtiger Freund: „Nun, ich denke nicht, daß das ganz in Ordnung ist!"

Dichter: „Warum nicht?"

Aufrichtiger Freund: „Denke doch an die Tausende unschuldiger Männer, die in Verdacht geraten werden."

*

Ein Mann fragte den Herausgeber einer Provinzzeitung, wie er kranke Bienen behandeln solle.

„Mit Respekt," war die Antwort.

*

Wißbegierige Dame: „Finden Sie, es ist ein einträgliches Ding, eine Kuh zu halten?"

Herr: „O ja; meine Kuh gibt ungefähr 8 Liter im Tag."

Dame: „Und wieviel verkaufen Sie davon?"

Herr: „Ungefähr 12 Liter."

*

Eine alte Dame, die die Niagarafölle zum erstenmal sah, schrie plötzlich. „Oh, das erinnert mich: ich habe den Badehahn zu Hause offen gelassen!"

Ein kleines Mädchen, welches einen Hund hatte, der bellte und gleichzeitig mit seinem Schwanz wedelte, sagte: „Ich glaube, er ist an einem Ende zornig und an dem anderen lustig."

*

„Bitte, gnädige Frau," fragte der Strolch, „haben Sie etwas Mittagessen für einen hungrigen Mann?" „Ja," schnauzte die Frau, „und er wird um 12 Uhr zu Haus sein, um es zu essen."

Hostess: 'Mr. Bart is going to sing us a comic song.'
Guest: 'I thought when I upset that salt at the dinner table that something dreadful was going to happen.'

*

Poet: 'I intend to publish my verses under the name of John Smith.'
Candid Friend: 'Well, I don't think that's quite fair!'
Poet: 'Why not?'
Candid Friend: 'Just think of the thousands of innocent men who will be suspected.'

*

A man asked the editor of a country newspaper how he should treat sick bees.
'With respect,' was the reply.

*

Inquisitive Lady: 'Do you find it a profitable thing to keep a cow?'
Gentleman: 'Oh, yes: my cow gives about eight litres a day.'
Lady: 'And how much of that do you sell?'
Gentleman: 'About twelve litres.'

*

An old lady who was looking at the Niagara Falls for the first time suddenly cried: 'Oh, that reminds me: I left the bath tap running at home!'

*

A little girl who had a dog that barked and wagged its tail at the same time, said: 'I think he's angry at one end and pleased at the other.'

*

'Please, madam,' asked the tramp, 'have you any dinner for a hungry man?' 'Yes,' snapped the woman, 'and he will be home at twelve to eat it.'

DIE DREI RINGE

G. E. Lessing

Vor grauen Jahren lebt' ein Mann im Osten,
der einen Ring von unschätzbarem Wert
aus lieber Hand besaß. Der Stein war ein
Opal, der hundert schöne Farben spielte,
und hatte die geheime Kraft, vor Gott
und Menschen angenehm zu machen, wer
in dieser Zuversicht ihn trug. Was Wunder,
daß der Mann im Osten ihn darum nie
vom Finger ließ, und die Verfügung traf,
auf ewig ihn bei seinem Hause zu
erhalten. Nämlich so. Er ließ den Ring
von seinen Söhnen dem geliebtesten,
und setzte fest, daß dieser wiederum
den Ring von seinen Söhnen dem vermache,
der ihm der liebste sei; und stets der liebste,
ohn' Ansehn der Geburt, in Kraft allein
des Rings, das Haupt, der Fürst des Hauses werde.

So kam der Ring von Sohn zu Sohn
auf einen Vater endlich von drei Söhnen,
die alle drei ihm gleich gehorsam waren,
die alle drei er folglich gleich zu lieben
sich nicht entbrechen konnte. Nur von Zeit
zu Zeit schien ihm bald der, bald dieser, bald
der dritte,—so wie jeder sich mit ihm
allein befand, und sein ergießend Herz
die andern zwei nicht teilten,—würdiger
des Ringes, den er denn auch einem jeden
die Schwachheit hatte, zu versprechen.
Das ging nun so, solang es ging.—Allein
es kam zum Sterben, und der gute Vater
kommt in Verlegenheit. Es schmerzt ihn, zwei von
seinen Söhnen, die sich auf sein Wort verlassen, so zu
kränken.—Was zu tun?

In olden times there lived in Eastern lands
a man, who from a kindly hand received
a ring of priceless value. An opal stone
gleamed from within an ever-changing hue.
And hidden was its virtue in its form
to render him of men and God beloved
who wore it in this fixed unchanging faith.
No wonder that its Eastern owner never
took it off from his finger, determined
that to his house the ring should be secured.
Therefore he thus bequeathed it: first to him
who was the dearest of his sons,
commanding then that he should leave the ring
to the most dear among his children; then
that without heeding birth, the chosen son,
by virtue of the ring alone, should still
be lord of all the house.

From son to son
the ring at last descended to a man
who had three sons, alike obedient to him,
and whom he loved with just impartial love.
The first, the second, and the third in turn,
according as they each apart received
the overflowings of his heart, appeared
most worthy as his heir, to take the ring,
which with good-natured weakness, he in turn
had promised privately to each; and thus
things lasted for some time. But death came near
The father much embarrassed, could not bear
to disappoint two of his sons, who trusted him.
What could he do?

Er sendet insgeheim zu einem Künstler,
bei dem er nach dem Muster seines Ringes,
zwei andere bestellt, und weder Kosten
noch Mühe sparen heißt, sie jenem gleich,
vollkommen gleich zu machen. Das gelingt
dem Künstler. Da er ihm die Ringe bringt,
kann selbst der Vater seinen Musterring
nicht unterscheiden. Froh und freudig ruft
er seine Söhne, jeden insbesondere,
gibt jedem insbesondere seinen Segen—
und seinen Ring, und stirbt.

Kaum war der Vater tot, so kommt ein jeder
mit seinem Ring, und jeder will der Fürst
des Hauses sein. Man untersucht, man zankt,
man klagt. Umsonst; der rechte Ring war nicht
erweislich; Fast so unerweislich als
uns jetzt der rechte Glaube. . . .

Wie gesagt: die Söhne
verklagten sich; und jeder schwur dem Richter,
unmittelbar aus seines Vaters Hand
den Ring zu haben,—wie auch wahr—nachdem
er von ihm lange das Versprechen schon
gehabt, des Ringes Vorrecht einmal zu
genießen.—Wie nicht minder wahr.—Der Vater,
beteuerte jeder, könne gegen ihn
nicht falsch gewesen sein; und eh' er dieses
von ihm, von einem solchen lieben Vater,
argwöhnen laß; eh' muß' er seine Brüder,
so gern er sonst von ihnen nur das Beste
bereit zu glauben sei, des falschen Spiels
bezeihen; und er wolle die Verräter
schon auszufinden wissen, sich schon rächen.

Der Richter sprach: ,,Wenn ihr mir nun den Vater
nicht bald zur Stelle schafft, so weise ich euch
von meinem Stuhle. Denkt ihr, daß ich Rätsel
zu lösen da bin? Oder harret ihr,
bis daß der rechte Ring den Mund eröffne?—
Doch halt. Ich höre ja, der echte Ring
besitzt die Wunderkraft, beliebt zu machen,
vor Gott und Menschen angenehm. Das muß

In secret then he asked
the jeweller to come, that from the form
of the true ring he may bespeak two more
nor cost nor pains are to be spared, to make
the rings alike—quite like the true one. This
the artist managed. When the rings were brought
the father's eye could not distinguish which
had been the model. Overjoyed, he calls
his sons, takes leave of each apart—bestows
his blessing and his ring on each—and dies.

Scarce is the father dead,
when with his ring, each separate son appears,
and claims to be the lord of all the house.
Question arises, tumult and debate—
but all in vain—the true ring could no more
be then distinguished than . . . the true faith now.

We said the sons complained; each to the judge
swore from his father's hands immediately
to have received the ring—as was the case—
in virtue of a promise, that he should
one day enjoy the ring's prerogative.
In this they spoke the truth. They each maintained
it was not possible that to himself
his father had been false. Each could not think
his father guilty of an act so base.
Rather than that, reluctant as he was
to judge his brethren, he must yet declare
some treacherous act of falsehood had been done.

The judge said: 'If the father is not brought
before my seat, I cannot judge the case.
Am I to judge enigmas? Do you think
that the true ring will here unseal its lips?
But hold. You tell me that the real ring
enjoys the secret power to make the man
who wears it, both by God and man, beloved,

entscheiden. Denn die falschen Ringe werden
doch das nicht können.—Nun, wen lieben zwei
von euch am meisten?—Macht, Ihr schweigt? sagt an.
Die Ringe wirken nur zurück und nicht
nach außen? Jeder liebt sich selber nur
am meisten?—O, so seid ihr alle drei
betrogene Betrüger. Eure Ringe
sind alle drei nicht echt. Der echte Ring
vermutlich ging verloren. Den Verlust
zur bergen, ließ der Vater
die drei für einen machen.

„Und also", fuhr der Richter fort, .. „wenn ihr
nicht meinen Rat statt meines Spruches, wollt:
geht nur. Mein Rat ist aber der: ihr nehmt
die Sache völlig, wie sie liegt. Hat von
euch jeder seinen Ring von seinem Vater,
so glaube jeder sicher seinen Ring
den echten.—Möglich, daß der Vater nun
die Tyrannei des einen Ringes nicht hat
in seinem Hause länger dulden wollen."

let that decide. Who of the three is loved
best by his brethren? Is there no reply?
What? do these love-exciting rings alone
act inwardly? Have they no outward charm?
Does each one love himself alone? You're all
deceived deceivers. All your rings are false.
The real ring, perchance, has disappeared;
and so your father, to supply the loss,
has caused three rings to fill the place of one.
        And—the judge continued:—
'If you insist on judgment and refuse
my counsel, be it so. I recommend
that you consider how the matter stands.
Each from his father has received a ring:
let each then think the real ring his own.
Your father, possibly, desired to free
his house from one ring's tyrannous control.'

PART THREE
READING EXERCISES

ERLEBNISSE EINES AUSLÄNDERS IN GROßBRITANNIEN

Dr. Otto Hörmann

Gestatten Sie mir, daß ich mich vorstelle: ich bin Österreicher und lebe seit einiger Zeit in London. Als ich hier ankam, wußte ich schon einiges von dem, was mich erwarten würde. Man hatte mir zum Beispiel gesagt: 'Aufpassen, in Großbritannien fahren die Autos auf der linken Seite!' Als ich das erste Mal über eine Straße gehen wollte, hatte ich aber dennoch aus Gewohnheit zuerst links geschaut und dann erst rechts, und entging nur knapp einem Unfall. Vor kurzem war ich wieder ein paar Wochen in Österreich und machte den umgekehrten Fehler: anstatt zuerst links zu schauen, schaute ich dieses Mal rechts. Aber ich hatte wieder Glück.

Eines Tages wollte ich dann ein großes Abenteuer wagen: eine Fahrt mit dem roten Doppeldeckerbus. Es war etwa neun Uhr morgens, und an der Haltestelle warteten viele Leute, einer hinter dem anderen. Als der Bus kam, stürmte ich zum Einstieg, wie wir es in Österreich tun. Ich bekam böse Blicke, und ein älterer Herr mit Melone und Regenschirm sagte: 'Warten Sie doch, bis Sie dran sind!' Da stand ich nun mit hochrotem Kopf und schämte mich so sehr, daß ich den Bus davonfahren ließ.

Wenn man ein Buch über Großbritannien und seine Menschen liest, so heißt es darin fast immer, daß die Leute hier gerne über das Wetter sprechen. Das tun die Österreicher zwar auch, nur mit einem Unterschied, wie ich glaube. Wenn es in Österreich regnet, stürmt oder schneit, dann fallen bei einem Gespräch sofort ein paar böse Worte.

Wenn hier in Großbritannien nur einmal die Sonne scheint, haben die Leute immer ein gutes Wort: 'So ein schöner Tag!' Ist der Himmel grau, nimmt der Londoner seinen Regenschirm und verläßt das Haus, ohne aber ein böses Gesicht zu machen. Ja, der Regenschirm! Kaum ein Österreicher hat nicht schon ein Foto von diesem 'Instrument' gesehen, das der Londoner da bei sich trägt: eine Art Spazierstock, in schwarzes Tuch gewickelt. Damit marschiert der Geschäftsmann durch die City, der Beamte durch Whitehall. Auch wenn im Sommer keine Wolke am Himmel steht, die Hitze in den Straßen und U-Bahnen den kühlsten Kopf zum Schwitzen bringt, manche Londoner lieben ihren Regenschirm so sehr, daß sie ihn nicht alleine zu Hause stehen lassen wollen.

Bleiben wir bei der schwarzen Farbe der Regenschirme und stellen wir uns eine schwarze Katze vor! Als Österreicher tu' ich das nicht gerne, denn einer schwarzen Katze zu begegnen, bedeutet für uns Unglück, falls er an solche Dinge glaubt: Ärger im Büro, eine unerwartete Rechnung usw. Bei der sprichwörtlichen Tierliebe der Engländer ist die Zahl der Katzen, auch der schwarzen, natürlich sehr groß. Auf meiner Terrasse besuchen mich täglich zwei solche Tiere; Gott sei Dank, man hat mir gesagt, daß in England schwarze Katzen Glück bringen (für den, der daran glaubt)!

Eines Abends ging ich ins Kino, es war die letzte Vorstellung. Ich weiß nicht mehr, was für ein Film es war. Nur eines weiß ich noch! am Ende wurde noch eine Melodie gespielt, und die Kinobesucher benahmen sich plötzlich eigenartig: wer schon beim Weggehen war, drehte sich um, wer noch saß, stand auf und starrte vor sich hin, kein Wort wurde gesprochen. Freunde sagten mir später, was für eine Melodie es war. Nun, Österreich hat auch eine Hymne, wir stehen aber nicht auf, wenn sie gespielt wird. Kann es sein, weil wir keine Königin haben?

EIN ROMANTIKER ERZÄHLT ...

Es war mein erster richtiger Urlaub. Und so hatte ich mir fest vorgenommen, etwas besonderes daraus zu machen. Das Reiseziel, das ich mir ausgesucht hatte, war allerdings nichts besonderes. Das heißt: Vielleicht doch, wenn man die Deutschen zur Urlaubszeit in einer wahren Völkerwanderung über die Grenzen streben sieht— meistens in Richtung Süden. Ich wollte diesmal im Lande bleiben und fuhr in den Bayerischen Wald. Erstens, weil es billiger war, und zweitens, weil ich dieses große, und vom Fremdenverkehr noch nicht allzu überlaufene Waldgebiet an der Grenze zur Tschechoslowakei noch nicht kannte.

Zwar fuhr ich damit auch in den Süden, aber nicht gar so weit, wie die Millionen anderen, sonnenhungrigen Städter. Außerdem mußte ich auf 'Hoppelchen' Rücksicht nehmen. So hatte ich meinen kleinen Wagen getauft, weil er mit tödlicher Sicherheit jedes Schlagloch in der

Straße aufspüren konnte, und dabei unberechenbar hin und her, auf und nieder hoppelte. Hoppelchen war schon damals sehr, sehr alt, also wirklich im wahrsten Sinne des Wortes ein 'alter Hase' der Landstraße. Aber er hielt wacker durch. Selbst die wildesten Geländefahrten nahm er nicht übel, die ich ihm zumutete, als ich den Bayerischen Wald auf kleinen Wanderpfaden und bei Slalomfahrten durch die Bäume für mich allein entdeckte. Ja, ich fuhr allein; denn ich wollte einmal richtig ausspannen. Und außerdem ist Zelten nicht jedermanns Geschmack—wenigstens nicht im April mit seinem sprichwörtlich launischen Wetter.

Auch dieser April blieb seinem Ruf treu. Meistens regnete es, manchmal schien auch die Sonne, aber immer war es kalt und windig. Aber das störte mich nicht. Gegen die nächtliche Kühle hatte ich genügend Decken mitgenommen, und gegen den Regen schützte mein wasserdichtes Zelt. Außerdem liebe ich es, wenn der Regen auf das Zeltdach trommelt. Sicher im Trockenen, eingewickelt in die warmen Decken, mit ein paar Gläsern Rotwein im Magen für die innere Wärme, und leiser Musik aus dem Transistor-Radio, kann es kaum gemütlicher sein, als wenn es draußen regnet, der Wind durch die Bäume streicht und sie ächzen und stöhnen läßt, als ob sie den Fröschen nebenan im großen Teich Konkurrenz machen wollten.

Ja, die Frösche und der Teich—Immer wieder zog es mich zurück zu dieser romantischen Stelle. Ursprünglich war es wohl ein alter Fischteich gewesen. Aber nun war er mit Algen und anderen Wasserpflanzen fast völlig zugewachsen. Fische konnten darin nicht mehr überleben. Und so haben die Frösche die Macht in diesem kleinen Teich-Staat übernommen.

Tausende mußten es sein! Und jeden Abend, wenn die Dämmerung hereinbrach, machten sie einen unbeschreiblichen Spektakel, der die Stille des Waldes kilometerweit durchdrang. Für mich war es ein interessanter Zeitvertreib, die verschiedenen Stimmen nach Höhe, Tiefe und Lautstärke zu unterscheiden, und einzelnen 'alten Herren', die mit besonders tiefen Bässen aufwarteten, alberne Namen zu geben.

Wenn ich an einer Waldlichtung mein Zelt aufschlug, hatte ich auch oft das Glück, Rehe und Hasen im Mondschein auf der Wiese beobachten zu können. Stundenlang konnte ich ganz ruhig auf meinem Bauch liegen, Pfeife im Mund, und dem nächtlichen Treiben im Wald zuschauen oder zuhören. Langweilig war es nie. Nur einmal wurde meine Idylle auf unangenehme Weise gestört. Eine Armee von Ameisen marschierte eines nachts quer durch mein Zelt, so daß ich vor dieser unwiderstehlichen Invasion schleunigst die Flucht ergreifen mußte. Das war besonders peinlich, weil es draußen gerade wieder einmal regnete, und ich bis auf die Haut naß wurde.

Wie gesagt, über zu wenig Regen brauchte ich mich in diesen drei Wochen nicht zu beklagen. Aber Wasser war trotzdem nicht genug da. Der Bayerische Wald besteht nämlich hauptsächlich aus Nadelbäumen, und der typisch trockene Waldboden saugt jeden Regentropfen spurlos auf. Sogar in diesem nassen April konnte ich nur selten einen Bach entdecken. Das Rasieren zum Beispiel wurde da zu einem Problem. Wenn ich einen kratzenden Stoppelbart vermeiden wollte, blieb mir manchmal nichts anderes übrig, als mich mit Bier zu rasieren. Bier— das entdeckte ich bei dieser Gelegenheit, ist ein vorzügliches Rasierwasser. Nur mußte ich nach einer solchen Prozedur jedesmal besonders vorsichtig fahren, wenn ich durch Dörfer und kleine Städte kam. Denn wenn mich die Polizei angehalten und dann die Alkoholfahne gerochen hätte, dann hätte ich wohl Schwierigkeiten gehabt, zu beweisen, daß ich das Bier nicht etwa getrunken, sondern nur als Rasierwasser benutzt hatte. Wer hätte mir das schon geglaubt? Die Polizei bestimmt nicht!

Alles in allem, trotz der verregneten Tage, habe ich in diesem Urlaub jeden Augenblick genossen. Das alte Sprichwort: 'Bleibe im Lande und nähre dich redlich', hat manchmal schon was für sich . . . .

WAS IST EIN DEUTSCHER?

Günter K. J. Burkart

Wenn man als Deutscher mit Engländern zusammenkommt, dann wird man manchmal gefragt: 'Warum verlangen die Deutschen immer ihre Einheit? Es gibt doch andere Europäer, die Deutsch sprechen, aber nicht zu Deutschland gehören; zum Beispiel Österreicher und Schweizer. Und wenn die Deutschen sich von den Österreichern unterscheiden, dann unterscheiden sich doch auch die Bayern von den Hamburgern, oder die Berliner von den Rheinländern. Wie ist das mit der gemeinsamen Sprache? Und was ist eigentlich ein Deutscher?'

Ich habe viele Jahre in England gelebt, und ich habe diese Fragen oft gehört. Manchmal habe ich Gegenfragen gestellt: 'Was hat denn der Londoner mit dem Schotten gemeinsam? Oder mit dem Waliser? Viele Menschen in Wales sprechen sogar eine eigene Sprache, die nicht einmal ein Dialekt des Englischen ist. Warum wollen denn alle Briten in einem Staat zusammenleben?'

Aber ich weiß, das ist keine echte Antwort. Wer eine Gegenfrage stellt, will in Wirklichkeit meistens einer Antwort ausweichen. Und es ist besser, sich so wichtigen Fragen zu stellen. Das will ich in diesem Beitrag versuchen. Ich muß mich zu diesem Zweck ein bißchen mit der Geschichte Deutschlands, seiner Menschen und seiner Sprache beschäftigen.

Einige Unterschiede zu Großbritannien sind ganz offensichtlich. Zum Beispiel ist die geographische Bezeichnung 'Großbritannien' eindeutig. Hier gibt es keine Mißverständnisse; jeder weiß, was damit gemeint ist, nämlich die britischen Inseln. Das war schon so, als die Römer nach Großbritannien kamen, und es ist heute noch so.

Deutschland dagegen hat im Lauf der Geschichte ganz verschiedene geographische Räume bedeckt. Der erste deutsche Staat—im 9 Jahrhundert, nach dem Tode Karls des Großen—reichte nur von der Maas im Westen bis an die Elbe und Saale im Osten. Im 13 Jahrhundert dagegen erstreckte sich Deutschland von Maas und Rhone bis über die Oder hinweg. Zu Deutschland gehörten damals die heutigen Niederlande, halb Belgien, die westliche Hälfte der heutigen Tschechoslowakei, Österreich, die Schweiz und ganz Italien einschließlich Sizilien und Sardinien!

Im 19 Jahrhundert wiederum, von 1806 bis 1871, gab es überhaupt keinen Staat, der Deutschland hieß. Wer also in einem geschichtlichen Zusammenhang von 'Deutschland' spricht, der müßte eigentlich immer erklären, was er damit meint. Der letzte einheitliche Staat Deutschland bestand noch nicht einmal ein Jahrhundert lang, von 1871 bis 1945.

Man vergleiche das mit der langen, ununterbrochenen Geschichte Englands oder Großbritanniens. Auch Frankreich, der große westliche Nachbar Deutschlands, der so oft sein Gegner gewesen ist, war viel länger ein Nationalstaat. Die Staatsform hat sich geändert; aber die Idee ist geblieben, daß die Franzosen in einem Staat leben. Es ist bezeichnend, daß am Ende des Zweiten Weltkrieges Frankreich selbstverständlich so wiederhergestellt wurde, wie es bis 1940 bestanden hatte. Niemand wäre auf die Idee gekommen, daß dieser Staat nicht weiter bestehen sollte. Das gleiche gilt für Polen. Im Falle Deutschlands war das aber nicht selbstverständlich. Und dafür gibt es mehrere Gründe.

Ein Grund ist, daß Deutschland nicht so eindeutige natürliche Grenzen hat wie zum Beispiel Großbritannien, das überall vom Meer umgeben ist. Deutschland hat nur im Norden Küste an der Nordsee und an der Ostsee. Sonst ist es überall sehr leicht, die Grenzen Deutschlands zu überschreiten. In der geschichtlichen Periode der Völkerwanderung, etwa vom 3 bis zum 7 Jahrhundert, wanderten viele Völker und Stämme in Mitteleuropa umher, quer über die Landkarte. In dieser Zeit kamen auch die Angeln und Sachsen nach England.

Später gab es viele Jahrhunderte lang eine Wanderung deutscher Menschen nach Osten. Nach dem Ende der Völkerwanderung war das Land östlich der Elbe dünner besiedelt als westlich der Elbe, und viele

Menschen aus den westlichen Teilen Deutschlands zogen dorthin. Man nennt das oft den 'Drang nach Osten', und viele vergleichen das mit den Plänen Hitlers, Land in Osteuropa zu erobern. Aber das stimmt nicht ganz. Oft wurden nämlich deutsche Bauern, Handwerker und Kaufleute von den slawischen Fürsten im Osten eingeladen. So gelangten Deutsche schließlich bis nach Rumänien, an die Wolga; und an der Ostseeküste bis hinauf nach Estland.

Ein zweiter Grund: der deutsche Staat war im Mittelalter anders organisiert als zum Beispiel der englische oder der französische. Deutschland war nur ein Bund von vielen—zeitweise von hunderten— von Königreichen, Herzogtümern, Fürstentümern, Grafschaften, Erzbistümern und Bistümern, freien Städten usw. Diese Fürsten wählten aus ihrer Mitte einen Kaiser. Aber der Kaiser hatte oft nicht die Macht, sich gegen einzelne Fürsten durchzusetzen. So gab es viele Kriege zwischen den Fürsten in Deutschland, und manchmal führten Fürsten sogar Krieg gegen den Kaiser. Ein Beispiel dafür sind die Hohenzollern, die im 18 Jahrhundert als Könige von Preußen die mächtigsten Fürsten im Deutschen Reich wurden. Als Napoleon dann auch die Preußen besiegt hatte, zerbrach das Deutsche Reich. Es gab keinen Staat 'Deutschland' mehr.

So war es oft nur ein Ergebnis von politischen oder militärischen Zufällen, ob ein bestimmter Volksstamm zu Deutschland gehörte oder nicht. Und das einzige Bindeglied war vielleicht wirklich nur die deutsche Sprache. Sie entstand allmählich aus gemeinsamen Elementen der verschiedenen, örtlichen Dialekte. Als Begründer der deutschen Standardsprache, des Hochdeutschen, gilt Martin Luther, der Reformator der Kirche, der Anfang des 16 Jahrhunderts die erste allgemein anerkannte deutsche Bibelübersetzung schuf. Bis dahin waren Rechtschreibung und Sprechweise in den einzelnen Teilen Deutschlands noch sehr unterschiedlich.

Und man muß zugeben, daß sich in der Sprechweise viele dieser Unterschiede bis heute erhalten haben. Es gibt in Deutschland stark ausgeprägte Dialekte, die sich umso mehr unterscheiden, je größer die Entfernung wird. Ein Bayer findet es leichter, einen Schwaben zu verstehen, oder sogar einen Österreicher, als der Sprechweise eines Schleswig-Holsteiners oder Hamburgers zu folgen. Ich habe oft bei Engländern, die ich traf, herausgehört, in welchem Teil Deutschlands sie einmal längere Zeit verbracht hatten. Sie hatten den jeweiligen Dialekt angenommen!

WAS JEDER WISSEN SOLLTE...

Wenn man als Ausländer nach Deutschland kommt, dann sollte man wissen, daß ein Akzent in der Sprache der Menschen nicht ein Merkmal ihrer sozialen Klasse ist, sondern anzeigt, aus welchem Teil Deutschlands sie kommen. Diese Dialekte und die damit verbundenen Traditionen bereichern auch das vielfältige, kulturelle Leben in Deutschland.

Andererseits muß man zugeben, daß sich außer der gemeinsamen Sprache und ihrer Literatur nicht allzu viel finden läßt, was alle Deutschen miteinander verbindet. Aber eine gemeinsame Sprache ist ein starkes Bindeglied, vor allem dann, wenn alle Nachbarvölker andere Sprachen sprechen. Viele Menschen in Deutschland bedauerten die immer wieder ausbrechenden Bruderkriege zwischen Deutschen. Und man fand es überflüßig, daß man bei einer Reise durch Deutschland immer wieder an eine Grenze kam, Zoll bezahlen und Geld eintauschen mußte. Denn jenseits solcher Grenzen sprach man ja die gleiche Sprache!

Deutsche Dichter und Schriftsteller drückten in ihren Werken oft ein solches Bedauern aus. Das bekannteste Beispiel, auch im Ausland, ist wahrscheinlich das berühmte Deutschlandlied, das 1848 geschrieben wurde. Später wurde es die deutsche Nationalhymne. Den Text hat man aber oft mißverstanden. 'Von der Maas bis an die Memel, von der Etsch bis an den Belt—Deutschland über alles in der Welt'; damit sollte gesagt werden: alle Deutschen wollen in einem Lande wohnen. Dieses Lied entsprach der Stimmung vieler Menschen in Deutschland im 19 Jahrhundert.

Und so war die Neugründung des Deutschen Reiches durch Bismarck, den preußischen Ministerpräsidenten, sehr populär. Der König von Preußen wurde nun der deutsche Kaiser. Manche kritisierten aber Bismarck, weil er der Meinung war, Österreich sollte nicht zu Deutschland gehören.

Es wird oft übersehen, daß dieser neue deutsche Staat ebenfalls wieder eine Föderation war, ein Bund einzelner Staaten. Die einzelnen Staaten behielten ihre Könige oder Herzöge, und sie hatten eigene Regierungen und Parlamente. Das blieb auch so nach 1918, als die sogenannte Weimarer Republik entstand. Und auch der neue westdeutsche Staat, der 1949 gegründet wurde, ist eine Föderation von einzelnen Ländern. Er heißt deshalb ausdrücklich 'Bundesrepublik Deutschland'.

Manches von dem, was ich bis jetzt zu erklären versucht habe, wird vielleicht lebendiger, wenn ich einmal von mir selbst spreche. Die Leser dieses Buches sehen Deutschland von Westen her. Mein Bild von Deutschland ist sozusagen umgekehrt; in meinem geistigen Auge sehe ich Deutschland von Osten her. Ich stamme nämlich aus dem Osten Deutschlands, aus Schlesien am Oberlauf des Flusses Oder. Heute gehört diese Provinz fast ganz zu Polen. Nur ein kleiner Zipfel westlich des Flusses Neiße gehört zur DDR.

Dort im Osten war das Fehlen von natürlichen Grenzlinien immer ganz besonders deutlich. Östlich von Berlin gibt es kein natürliches Hindernis zwischen Deutschland und der polnischen Ebene. Und das hat sich in der Geschichte oft ausgewirkt.

In meiner Heimat, in Schlesien, gibt es außer den Bergen, die man die Sudeten nennt (entlang der Grenze zur Tschechoslowakei), einen Berg, der ganz allein für sich in der Landschaft steht. Er ist 718 Meter hoch und heißt der Zobten. Weil er so allein dasteht, ist er früher immer als eine Art von heiliger Berg besonders verehrt worden. Ich stelle mir manchmal vor, was dieser Berg im Laufe der Jahrhunderte so alles erlebt hat.

Die ersten germanischen Schlesier, die am Fuße des Zobten wohnten, schlossen sich in der Völkerwanderung dem großen Volk der Goten an. Sie legten einen langen Weg zurück: durch Süddeutschland, Frankreich, Spanien und Nordafrika gelangten sie bis nach Karthago, wo sie für kurze Zeit ein Reich errichteten. Ich weiß aber nicht, ob ich auf diese Vorfahren von mir stolz sein soll. Denn dieses Volk hieß die Wandalen. Und was für einen schlechten Ruf es hatte, sieht man daraus, daß der Name dieses Volkes in dem Wort 'Vandals' sogar in die englische Sprache eingegangen ist. Dabei hatten die Wandalen gar keine direkte Berührung mit den Angelsachsen oder den Normannen. Feine Leute können die Wandalen also nicht gewesen sein.

Nach Schlesien kamen dann von Nordosten slawische Völker. Als im 10 Jahrhundert das Königreich Polen entstand, gehörten wir zeitweilig dazu. Man muß aber bedenken, daß Polen eine sehr unruhige Geschichte hatte. Bis in die neueste Zeit ist es oft zwischen seinen großen Nachbarn, Deutschland und Rußland, hin- und hergeschoben worden. So war Schlesien zeitweilig polnisch, manchmal böhmisch oder sächsisch. Dann gehörte es zu Österreich, und erst im 18 Jahrhundert wurde es eine Provinz des Königreiches Preußen.

Etwa vom Jahr 1100 an kamen Deutsche nach Schlesien, viele von ihnen aus Südwestdeutschland. Allmählich sprachen mehr und mehr Menschen deutsch, und allmählich entstand auch unser schlesischer Dialekt. Unseren Zobtenberg zum Beispiel—sicherlich ein slawischer Name—nannten wir in unserer Mundart den 'Zutabarg'. In der ersten Hälfte des 20 Jahrhunderts wurde dann nur noch im Industriegebiet im Ostzipfel Schlesiens polnisch gesprochen; dort gab es sowohl deutsche wie auch polnische Einwohner. Aber in meiner Heimatstadt, in der Nähe der Hauptstadt Breslau, sprach niemand mehr polnisch. Allerdings wurden noch in der Hitlerzeit alte polnische Ortsnamen geändert, 'eingedeutscht'.

Der alte Berg Zobten hat aber noch mehr erlebt. Denn fast regelmäßig, alle paar hundert Jahre, gab es im östlichen Mitteleuropa im Mittelalter immer wieder Invasionen von asiatischen Völkern, die sehr gefürchtet waren. Man weiß nicht immer genau, woher sie kamen. Hier gibt es in der englischen Sprache ein Mißverständnis. Man benutzte in den beiden Weltkriegen für Deutsche das Schimpfwort 'Huns'. In Wirklichkeit waren die Hunnen ein asiatisches Volk, das etwa im Jahre 375 nach Osteuropa kam, im heutigen Ungarn ein Reich errichtete unter dem Hunnenkönig Attila, und dann sogar bis nach Westeuropa vorstieß. Erst im Jahre 451 wurden die Hunnen in einer großen Schlacht in Nordostfrankreich entscheidend geschlagen und zogen nach Osten ab.

Später konnte man vom Gipfel des Zobten wahrscheinlich die Reiter der Awaren vorbeiziehen sehen, die Ungarn, dann die Mongolen unter Dschingis Kahn. Und dann folgten noch im Südosten die Türken, die im 17 Jahrhundert bis nach Wien gelangten. So ist es kein Wunder, daß manche Menschen in Deutschland das Vorrücken der sowjetischen Truppen bis an die Elbe im Jahre 1945 geschichtlich im gleichen Sinne betrachten: ein neuer Angriff aus Asien. Heute wird an Fuß des Zobten zum ersten Mal seit ungefähr 700 Jahren wieder polnisch gesprochen. Wir deutschen Schlesier erhielten Anfang 1945 von den Nazi-Funktionären das feierliche Versprechen, wir könnten in vier bis sechs Wochen in unsere Heimat zurückkehren. Übrigens hatten wir bis dahin nicht viel von Krieg gemerkt (außer der Knappheit an allem und den Todesmeldungen); denn Schlesien war für die britischen und amerikanischen Bomber zu weit entfernt. Vom Zobten nach Warschau, Wien oder Budapest ist es nur halb so weit wie nach Stuttgart, Köln oder Hamburg.

Und dann mußten wir Schlesier, zusammen mit den Deutschen aus Pommern, Ostpreußen und Polen, irgendwo anders in Deutschland unterkommen, weiter westlich. Ich selbst kam zufällig nach Hamburg. Ich wußte zwar, daß die Hamburger auch Deutsche sind, und heute fühle ich mich in Hamburg ganz zu Hause. Die Hamburger haben sogar manche Ähnlichkeiten mit den Engländern.

Aber am Anfang haben wir einige Zeit gebraucht, die Hamburger und ich, bis wir uns aneinander gewöhnt hatten. Denn so genau wußten die Hamburger nicht, wo ich eigentlich herkam. Sie wollten es auch nicht glauben, daß ich kein Wort Polnisch sprechen kann. Und vielleicht haben sich die Hamburger manchmal über mich geärgert, wenn ich betonte, daß es auch in meiner Heimat Elektrizität gab und Straßenbahnen und Hochhäuser und Fahrstühle und Telefone und Radios usw.

Aber noch heute muß ich lachen, wenn die Hamburger zu mir sagen: 'Heute ist es aber kalt draußen, nicht wahr?' oder 'Was für eine Hitze draußen'. Denn das Klima ist im östlichen Deutschland ganz anders als im westlichen. Geographisch mag der Kontinent in Ostende oder

Calais beginnen: was das Wetter betrifft, so fängt er erst hinter Berlin an.

Das erinnert mich zum Schluß an eine kleine Geschichte aus Schlesien. Tatsächlich stammen viele Berliner ursprünglich aus Schlesien. Und so behauptete man, Berlin sei erst durch die Einwanderer aus Schlesien zu einer so großen, modernen und schönen Stadt geworden. Daher erzählte man sich gern die folgende Geschichte: 'Wenn in Schlesien ein Kind geboren wird, was muß die Hebamme als erstes tun?'—'Sie nimmt das Kind auf den Arm, geht ans Fenster und zeigt ihm: "Dort geht der Weg nach Berlin" '!

POLITISCH LIED—EIN GARSTIG LIED?

Edgar R. Sterbenz

Mit dem Wort 'Politik' verhält es sich so wie mit vielen Begriffen, die wir im täglichen Leben gebrauchen. Man verwendet sie in einer bestimmten Bedeutung, ist dann aber in großer Verlegenheit, wenn man sie erklären soll. Daß es ein Wort ist, das in vielen Zusammenhängen angewendet wird, zeigt bereits ein Blick in die Zeitung: man liest hier über Wirtschaftspolitik, Sozialpolitik, handelspolitische Beziehungen und Parteipolitik, und erfährt auch einiges von kulturpolitischen Bestrebungen sowie von bi- und multi-lateralen Verflechtungen in der Weltpolitik.

Nun, Politik an sich ist eine der ältesten Tätigkeiten des Menschen. Der griechische Philosoph Aristoteles räumt in seinen wissenschaftlichen Betrachtungen dem 'Bürgersein' (altgriechisch: 'Politeuein') großen Raum ein. Für ihn war die 'polis'—der kommunale Bereich einer Kleinstadt etwa—die Keimzelle der menschlichen Gemeinschaft, um deren Gestaltung und Entwicklung jeder einzelne sich bemühen sollte. Und dieses Bemühen um die Gestaltung eines Gemeinwesens definierte Aristoteles als Politik.

Die Grundidee der aristotelischen Definition hat dabei bis heute nicht ihre Gültigkeit verloren, auch wenn in unseren Tagen es dem einzelnen eigentlich nicht mehr möglich ist, jederzeit und unmittelbar in den kommunalen—oder sagen wir treffender 'staatlichen'—Entwicklungsprozeß einzugreifen. Den Aufforderungen, in diesem großen fast unüberschaubar gewordenen Bereich politisch aktiv zu sein, kann und müßte aber jedermann mit einem großen Maß an Verantwortungsbewußtsein nachkommen. Der Gang zur Wahlurne sollte keine Farce sein—kein Schritt, den man zwar konventions halber, jedoch ohne Überzeugung von seiner Tragweite eher gleichgültig tut. Abgesehen von dieser Verpflichtung, die in einem demokratischen System jedem ein Anliegen zu sein hätte, besteht für alle jene, die bereit sind, sich für eine Sache einzusetzen, die Chance, das politische Geschick einer kleinen Organisation, eines Vereins, einer Interessensgemeinschaft oder allgemein bedeutenderer Institutionen selbst in die Hand zu nehmen.

Obwohl diese Überlegungen klar auf der Hand liegen—und es leicht einzusehen ist, daß im Gegensatz zu einem Einsiedler, der sein Leben allein gestaltet, jede Vereinigung von Menschen die Politik in einer ihrer vielen Spielarten kennt und ohne sie nicht auskommt—kümmern doch die meisten Leute sich nicht um die Gestaltung ihres Lebensbereiches. Mit der Stimmabgabe bei einer Wahl halten sie ihre politische Pflicht für mehr als erfüllt, sie interessieren sich—wie sie selbst stolz erzählen—nicht für Politik und stimmen meist in den Ruf ein: 'Politisch Lied—ein garstig Lied'. Der Grund für die letztgenannte Einstellung liegt sicher in der nur zu oft politisch fehlgeleiteten Vergangenheit, die bestimmt nicht in die allgemeinbekannten Bahnen abgeglitten wäre, wenn das politische Bewußtsein, das als kritische Haltung einem System gegenüber und als öffentliche Kontrolle für staatslenkende Kräfte existentielle Bedeutung hat, in stärkerem Ausmaß vorhanden gewesen wäre. Mit diesem Bewußtsein allein ist natürlich noch nichts getan, doch stellt sein Vorhandensein einen ersten Schritt zu einem möglichen Engagement dar, das in weiterer Folge im Wege der Zivilcourage politische Maßstäbe zu setzen vermag.

Politisches Interesse, Urteilsfähigkeit und Kritik, verantwortungsbewußt ausgeübte staatsbürgerliche Rechte und Pflichten sowie Zivilcourage sind auch die Garanten dafür, daß die Macht, zu deren Ausübung der politisch Handelnde einmal berufen ist, von ihm nicht mißbraucht wird. Dies ist vor allem deshalb relevant, weil früher oder später in jedem gesellschaftlichen System die Politik fast ausschließlich zur Machtfrage wird. Um ein gesundes Verhältnis zwischen Politik und Macht zu haben, ist die Kontrolle der politischen Vorgänge durch den Staatsbürger unerläßlich. Für die Demokratie, in der auf Grund einer Mehrheitsentscheidung deren Problematik hier nicht erörtert werden kann, meist Parteipolitiker an die Spitze des Gemeinwesens treten, ergibt sich daraus folgende Konsequenz: jene, die wählen, übernehmen die Verantwortung ihrem Ermessen nach richtig und verantwortungsbewußt zu votieren, die aber, die gewählt werden, müssen wissen und stets vor Augen haben, daß sie über Auftrag und mit Verantwortung handeln müssen, da sie ihre Politik gegenüber ihren Wählern zu vertreten haben.

In diese Betrachtungen über das Wesen allgemein politischer Spielregeln mögen noch viele Elemente fallen, einem muß jedoch alle Zeit die größte Aufmerksamkeit gewidmet werden: dem Menschen. Seine Mittelpunktsstellung unterstreicht das von Napoleon geprägte

Wort 'Die Politik ist das Schicksal'—ein Gedanke, dessen Tragweite und Richtigkeit einem bewußt wird, wenn man die Geschichte unseres Jahrhunderts verfolgt, in dem für Hunderttausende Politik zum Schicksal wurde, zu einem Schicksal, das alle erfaßt hat, ob sie nun diese Politik wollten oder nicht. Und was könnte demzufolge naheliegender sein als zu verlangen, daß Politik, die auch in der Demokratie das Schicksal ist, von möglichst vielen gestaltet wird—mit dem Ziel, dem Menschen zu dienen.

PART FOUR
LITERATURE

JOSEPH HAYDN IN ENGLAND

Heinrich Wiedemann

Wie Joseph Haydn ein Doktor Wurde

(1732–1809)

Das große Jahresfest der Universität Oxford, die Encaenia, welche am Ende des Sommertrimesters abgehalten wird, erhielt im Jahre 1791 ganz besonderen Glanz und Feierlichkeit. Der bedeutendste Komponist des damaligen Europa hielt sich in England auf, und er war Anfang Juli von London nach Oxford gekommen, um hier eine der höchsten akademischen Auszeichnungen zu empfangen, die in England vergeben werden. Es war Joseph Haydn, der erste Kapellmeister des ungarischen Fürsten Esterhazy. Seine Symphonie Nr 92, noch vor seiner Englandreise komponiert, wurde bei der Feier aufgeführt, und sie trägt seither den Namen 'The Oxford Symphony'.

Dr Charles Burney, der selber ein Oxonian und Englands führender Musikwissenschaftler war, hatte mit Haydn eine herzliche Freundschaft geschlossen, und er war es, der nicht nur das grosse Haydnkonzert veranlaßte, sondern auch die Universität dazu bewegte, 'ut celeberrimus et in re musica peretissimus vir Josephus Haydn ad Gradum Doctoris in Musica honoris causa admitteretur.'—So liest man es in dem Promotionskatalog der alten Universität unter dem Datum des 8 Juli 1791, jenem Tage, an dem der Komponist im Anlagegebäude, dem schönen Sheldonian Theatre, die akademische Würde eines Ehrendoktors empfing.

Es wird berichtet, daß der Ehrengast mit der Hochachtung und Aufmerksamkeit empfangen wurde, wie sie seinem großen und ungewöhnlichen Talente gebührte. Haydn selbst erschien zu dem

Festkonzert in seinem neuen Doktortalar mit dem steifen, viereckigen Barett auf dem Kopf und wurde von der Festversammlung mit stürmischem Beifall empfangen. Die Ehrung bewegte ihn tief. Voll Dankbarkeit ergriff er den Saum seines Talars und hob ihn empor, und dieser stumme Ausdruck seines Dankes rief allgemeinen und lauten Beifall hervor. Die hohe Ehre ist jedoch auch nicht ganz umsonst gewesen, denn der sparsame und bescheidene Mann, der es in seinem Heimatland nicht zu besonderem Reichtum gebracht hatte, verzeichnete am Abend in seinem Tagebuch: 'Ich mußte für das Ausläuten zu Oxford wegen der Doktorwürde anderthalb Guineen und für den Mantel eine halbe Guinee zahlen; die Reise dorthin kostete mich sechs Guineen!'

Am 31 März jenes Jahres war Haydn in London neunundfünfzig Jahre alt geworden. Wie ist es gekommen, daß er diesen Geburtstag, so weit von seiner Heimat entfernt, in England beging? Die britische Hauptstadt war zu der Zeit, als König Georg III. aus dem Hause Hannover regierte, ein Mittelpunkt des europäischen Musiklebens. Der führende Konzertunternehmer der Metropole war der deutsche Geiger Johann Peter Salomon aus Bonn, geboren in dem gleichen Hause in der Bonngasse, in dem später Ludwig van Beethoven zur Welt kam. Salomons Subskriptionskonzerte in den Hanover Square Rooms waren das hervorragende musikalische Ereignis jeder Londoner Saison; und immer wieder reiste der rührige Mann auf den Kontinent, um stets neue prominente Künstler für seine Konzerte nach England zu verpflichten. Auf der Rückfahrt nach einer solchen Reise erfuhr er in Köln von dem Tod des Fürsten Nikolaus Esterházy, der dreißig Jahre lang Haydns Dienstherr gewesen war.

Kurz entschlossen wirft Salomon sofort alle seine Pläne um, bucht sich einen Platz in einer Extrapost, eilt auf dem kürzesten Wege nach Wien und erscheint in der Wohnung Joseph Haydns mit den Worten: 'Ich bin Salomon aus London und komme Sie abzuholen.' Der Impressario schließt mit dem Komponisten einen für diesen äußerst günstigen Vertrag ab, und noch bevor das Jahr 1790 zuende ist, lesen die Londoner Musikfreunde im *Morning Chronicle*, daß die Herren Salomon und Haydn zu Beginn des neuen Jahres an der Themse eintreffen und dem Publikum eine ganze Reihe von neuen Symphonien zur Uraufführung darbieten werden.

Wie ein Fürst ist der Komponist in England aufgenommen worden. Besuche und Gegenbesuche des britischen Hochadels und der ausländischen Botschafter lösten sich gegenseitig ab, und es gab fast täglich ehrenvolle Einladungen zu glänzenden Diners. Auch der musikliebende Hof zeigte lebhaftes Interesse, die Bekanntschaft des berühmten Gastes zu machen, und am 18 Januar, dem Geburtstag der

Königin Charlotte, einer mecklenburgischen Prinzessin, wurde Haydn bei einem Hofball in die allerhöchsten Kreise des Königreichs eingeführt.

Von März bis Juni dauerte die Serie der Salomonkonzerte im Musiksaal der Hanover Square Rooms, jedes Programm enthielt eine Haydn-Uraufführung, jede neue Symphonie riß das Publikum zu neuen Beifallsstürmen hin, und eine Zeitung schrieb: 'Die glänzenden Erfolge der Salomonkonzerte unter Haydns Protektorat und dessen Aufnahme in allen hohen Gesellschaftskreisen, haben ihn mit einer hohen Meinung von dem Kunstgeschmack und der Freigiebigkeit der englischen Nation erfüllt.' Die Erfolge der ersten Saison übertrafen alle Erwartungen, und so war es für Salomon nicht schwierig, den Meister gleich noch für eine zweite zu verpflichten. Allerdings stöhnte dieser über die 'die Menge Arbeit, so man mir aufbürdet. Ich schrieb zeitlebens nie in einem Jahr so viel als im gegenwärtig verflossenen, bin aber auch fast ganz erschöpft, und mir wird wohltun, nach meiner Hauskunft ein wenig ausrasten zu können.'

Nur anderthalb Jahre verhältnismäßiger Ruhe waren Haydn nach seiner Rückkehr nach Wien im Juli 1792 gegönnt, und auch während dieser Zeit arbeitete er an englischen Aufträgen, oder genauer gesagt, an schottischen, denn der ehrgeizige Edinburgher Musikenthusiast George Thomson, der eine große Sammlung von wallisischen, irischen und schottischen Volksliedern veranstaltete, hatte bei Joseph Haydn eine beträchtliche Anzahl von Liedbearbeitungen bestellt, die dieser auch ablieferte, und die übrigens später nach seinem Tod noch von Ludwig van Beethoven und von Carl Maria von Weber weitergeführt wurden.

Am 4 Februar 1794 traf Haydn dann zu seinem zweiten Aufenthalt in London ein. Er währte fünfzehn Monate und brachte eine Wiederholung all der großartigen Erfolge der früheren Jahre. Haydn schrieb seine fünf letzten, seine reifsten Symphonien, Nr 100 bis Nr 104, und Salomon brachte ihre Uraufführungen wieder in vollendeter Weise zu Gehör. Aber auch abgesehen von seinen Vertragsverpflichtungen gab es in London für den Komponisten viele andere Möglichkeiten, um seine außerordentliche Leistungsfähigkeit zu beweisen. In erster Linie war da der Hof und die musikliebende königliche Familie, bei deren Hauskonzerten Haydn oft mitwirken mußte. Als der Herzog von York eine Berlinerin heiratete, die Tochter König Friedrich Wilhelms II von Preußen, verbrachte der Komponist zwei Tage auf dem Landsitz der Yorks, Oatlands, und schrieb über die Herzogin: 'Sie ist die liebenswürdigste Dame von Welt und blieb bis zwei Uhr nach Mitternacht beständig neben mir. Es wurde nichts als Haydnische Musik gespielt! Ich dirigierte die Symphonien am Klavier; die liebe

Kleine saß neben meiner an der linken Hand und hummete alle Stücke auswendig mit, weil sie solche so oft in Berlin hörte.'

Das Königspaar selbst gab sich große Mühe, den Komponisten zu bewegen, dauernd in England zu bleiben, und Königin Charlotte versprach ihm: 'Ich werde Ihnen eine Sommerwohnung in Windsor einrichten, und dann wollen wir miteinander tête-à-tête Musik machen', und zu Haydns Schrecken fügte der König hinzu: 'Wir werden auch Ihre Frau hierherkommen lassen!'; Georg III hatte natürlich keine Ahnung davon, was für eine Xantippe die Frau Anna Maria Haydn war, und daß ihr Ehemann nichts mehr wünschen konnte, als viele hundert Meilen von ihr entfernt zu sein.

Dennoch mußte schließlich die Heimreise nach Wien angetreten werden. Sie erfolgte im Mai 1795 nach dem letzten Salomonkonzert mit der Uraufführung der Londoner Symphonie. 'Der Saal war voll auserlesener Gesellschaft', so notierte Haydn, 'Und diese Gesellschaft war äußerst vergnügt,—und auch ich! Ich nahm diesen Abend viertausend Gulden ein! So etwas kann man nur in England machen!'

FELIX MENDELSSOHN (1809–1847)

Heinrich Wiedemann

Hausmusik im Buckingham Palast

Die Königin war in der allerbesten Laune. Es war ein prächtiger Sommertag, der Buckingham Palast lag in der warmen Sonne, die Staatsgeschäfte waren für diese Woche erledigt, und bevor sie mit Prinz Albert nach Windsor abfuhr, hatte sie nur noch einen Besucher zu empfangen, und auf den hatte sie sich schon die ganze Woche gefreut. Um halb zwei Uhr traf der Gast sehr pünktlich ein und wurde zuerst vom Prinzgemahl in dessen Musikzimmer empfangen, wo sich auch eine neue kleine Orgel befand. Mitten im Gespräch mit dem Hausherrn, der die Unterhaltung in deutscher Sprache führte, wurde die Tür geöffnet. Victoria trat ein, ganz allein und in einfachem Hauskleid. Ein Windstoß warf in diesem Augenblick die losen Blätter eines Notenheftes von der Orgel herunter auf das Pedal und bis in die Ecken des Zimmers. 'Aber mein Gott', sagte Victoria, 'wie sieht es denn hier aus?', kniete auf den Boden nieder und fing an, die zerstreuten Blätter wieder zusammenzusuchen; als auch der Prinz niederkniete, um der Königin zu helfen, mußte der Gast natürlich dasselbe tun. Dieser wurde nun, denn er war ja zum Musizieren eingeladen worden, gebeten, an der Orgel Platz zu nehmen; er fing mit einem Chor aus seinem Oratorium 'Paulus' an, und bevor er noch mit dem ersten Vers zuende war, begannen seine Gastgeber, den Chor mitzusingen, und der Prinz zog so geschickt die Register zu dem ganzen Stück, daß der Komponist sich von Herzen darüber freute. Danach verließ Victoria das Zimmer ihres Mannes, und Albert sagte zu dem Gast: 'Sie bittet Sie auch, dieses Geschenk zum Andenken mitzunehmen,' und übergab ihm ein kleines Etui, das einen schönen Ring enthielt, auf welchem 'V. R. 1842' eingraviert war. Die beiden Herren begaben sich dann ins Wohnzimmer der Königin, wo neben dem Klavier das dicke Schaukelpferd des kleinen Prinzen von Wales stand, und zwei große Vogelkäfige, und auf dem Instrument lagen viele Notenhefte, unter denen der Komponist sein allererstes Liederheft entdeckte. Er setzte sich ans Klavier und bat die Königin zu singen, und sie sang sein Lied: 'Laß dich nur nichts dauern', ganz fehlerlos und mit echt gefühltem Ausdruck. Danach sang noch Prinz Albert 'Es ist ein Schnitter, der heißt Tod', und über all dem war die Zeit so schnell vergangen, daß Victoria ihren Gast verabschieden mußte. Das tat sie mit dem Wunsch: 'Ich hoffe, Sie werden uns bald wieder in England besuchen!' Der Musiker wurde ans Palasttor geleitet, wo er die königliche Kutsche mit den roten Vorreitern schon warten sah, und nach einer Viertelstunde wurde die Fahne vom Buckingham Palast niedergezogen, und in den Zeitungen wurde später gemeldet: 'Her Majesty left the Palace at thirty minutes past three.'

Das hat sich am neunten Juli des Jahres 1842 zugetragen, und der Gast des königlichen Paares war der dreiunddreißigjährige deutsche Komponist Felix Mendelssohn-Bartholdy. Einen Monat vorher war ihm in London einer der größten künsterlischen Erfolge seines Lebens zuteil geworden: die Philharmonic Society hatte zum ersten Mal seine 'Schottische Symphonie' aufgeführt, und die junge englische Königin hatte gnädigst geruht, die Dedikation dieses Werkes zu akzeptieren.

Es war Mendelssohns siebenter Aufenthalt in London, und die Inspiration zu seiner neuesten Symphonie hatte er schon dreizehn Jahre früher erhalten, als er nach seiner ersten Englandreise noch nach Schottland fuhr, wo ihm in Edinburg im Königsschloß Holyrood die Anfangstakte zur 'Schottischen' eingefallen waren. Vorher hatte er in Abbotsford dem hochverehrten Sir Walter Scott einen Huldigungs-besuch abgestattet, dessen Romane überall in Deutschland mit der gleichen Begeisterung gelesen wurden wie in Großbritannien, und von Edinburg aus machte Mendelssohn noch eine Tour ins schottische Hochland, und wurde von dessen wildromantischem Zauber so gepackt, daß er schrieb: 'Wilde Wirtschaft!' Der Sturm heult, saust und pfeift draußen hin und her, schlägt unten die Türen zu und die Fensterläden auf; ob der Wasserlärm vom Regen oder dem reissenden Schaumstrom kommt, kann man nicht wissen, weil beide zusammenwüten. 'Wir sitzen hier ruhig am Kaminfeuer; das schüre ich von Zeit zu Zeit an, dann flackert es auf. Übrigens ist der Saal groß und leer, an einer Wand tröpfelts naß herunter, der Fußboden ist dünn, da hallt das Gespräch aus der Knechtsstube unten herauf; die singen betrunkene Lieder und lachen. Und trotz alles Wind- und Wasserlärms, trotz des Knechtsgesprächs und Türklapperns, ist es still,—still und sehr einsam.'

Beinahe genau drei Jahre nach seiner ersten Ankunft in London, am Sankt Georgstag des Jahres 1832, kam Mendelssohn zum zweiten Mal nach England, und er fühlte sich da vom ersten Tage an wie zu Hause. Er schrieb an seine Eltern: 'Ich wollte, ich könnte beschreiben, wie froh ich bin, hier zu sein, wie mir alles so lieb hier ist, wie ich über die Freundlichkeit der alten Freunde vergnügt bin.—Am Sonnabend Morgen war Probe des Philharmonic. Kaum komme ich in den Saal, so ruft einer aus dem Orchester: 'There is Mendelssohn!', und darauf fangen sie alle an, dermaßen zu schreien und zu klatschen, daß ich eine Weile nicht wußte, was ich anfangen sollte; und als es vorüber war, ruft ein anderer: 'Welcome to him!', und darauf fangen sie wieder denselben Lärm an, und ich mußte durch den Saal und aufs Orchester klettern und mich bedanken. Seht, das werde ich nie vergessen, denn es war mir lieber als jede Auszeichnung. Es zeigte, daß die Musiker mich lieb hatten und sich freuten, daß ich kam, und es war mir ein froheres Gefühl, als ich sagen kann.'

Das Werk, das Mendelssohn mit dem Orchester der Philharmonic Society einstudierte, war seine 'Hebridenouverture', deren Entstehung gleichfalls auf jenen Aufenthalt in Schottland zurückging, aber als er dann ein Jahr später schon wieder am Dirigentenpult der Philharmoniker stand, da hatte er ihnen das musikalische Ergebnis seiner italienischen Reise mitgebracht und leitete die Uraufführung der 'Italienischen Symphonie'. Die Londoner Musikwelt war begeistert. Das war am 13 Mai 1833, und nach einem kurzen Gastspiel in Düsseldorf am Rhein war Felix vier Wochen später schon wieder an der Themse. Auf dieser Reise begleitete ihn sein Vater Abraham, und dieser schrieb an seine Gattin Lea viele anschauliche und humorvolle Briefe nach Berlin, in denen er seine Londoner Eindrücke schilderte. Abraham Mendelssohn, der reiche Bankier, gehörte zu den wenigen Englandbesuchern, die für die strenge englische Sonntagsruhe volles Verständnis zeigten: 'Heute ist nun Sonntag. Ich bin noch in Pantoffeln, und es ist vier Uhr. Die Straße ist still, und diese Ruhe ist mir nicht allein sehr angenehm, sondern der Sinn des Londoner Sonntags ist mir nun ganz erklärlich und deutlich in seiner unbedingten Notwendigkeit, während er mir bis jetzt nach den einseitigen, dummen Berichten von Reisenden und Schriftstellern unglaublich und lächerlich erschien. Der Sonntag ist den Londonern so nötig als die Brache den Feldern, als der Winter der Vegetation, als die Nacht dem Tage. Der Sonntag wird nicht gehalten, weil das Gesetz es geboten, sondern das Gesetz ist hier nur der Ausdruck des allgemeinen Willens, des dringenden Bedürfnisses.'

Im gleichen Sommer, in dem Königin Victoria den britischen Thron bestieg, war Mendelssohn zum fünften Mal in England. Er wirkte an einem großen Musikfest mit, das jedoch nicht in der Hauptstadt veranstaltet wurde, sondern im Zentrum der neuen englischen Großindustrie und Großbourgeoisie, in Birmingham. Hier trat nun das religiöse Element des liberalen englischen Bürgertums stark in Erscheinung. Händels 'Messias' wurde aufgeführt, Mendelssohn studierte Teile aus den Passionen von Johann Sebastian Bach ein und dirigierte selbst sein erstes Oratorium 'Paulus', mit dem er die Tradition Georg Friedrich Händels und Joseph Haydns weiterführte. Der Erfolg war so groß, daß der Komponist von nun an immer wieder zu den Musikfesten nach Birmingham zurückkehrte. Noch in seinem letzten Lebensjahr, im April 1847, leitete er dort sein letztes großes, für England komponiertes Werk, den 'Elias'. Sieben Monate später wiederholte die Sacred Harmonic Society in London dieses Oratorium als Trauerfeier für Felix Mendelssohn-Bartholdy.

Bei der ersten Paulusaufführung in Birmingham war auch des Komponisten Schwager, der Berliner Maler Paul Hensel, anwesend, und was er danach in einem Brief an seine Frau schrieb, das kann von all den vielen Konzerten gesagt werden, bei denen Mendelssohn in England mitgewirkt hat: 'Der Erfolg war so durchschlagend wie noch nie. Felix war der recht eigentliche Held dieses Festes. Was die Engländer an Enthusiasmus leisten können, wenn sie wollen, das ist fabelhaft.'

JOHANN CHRISTOPH PEPUSCH

Heinrich Wiedemann

Der Berliner Pastorensohn und des Bettlers Oper

Obwohl es schon spät in der Nacht war, ging es auf dem weiten Platz von Lincoln's Inn Fields so zu, wie sonst nur am Vormittag eines lebhaften Posttages. Die Menschen drängten sich lachend, lärmend und scheltend, singend und johlend aus einem Gebäude auf der Südseite des Platzes. Der Londoner Mob war noch ausgelassener als gewöhnlich, die Diener der hochadligen Herrschaften bemühten sich, einen

Weg für diese freizuhalten, die Herren lachten dröhnend, und die Damen hörten nicht auf zu kichern vor lauter Vergnügen. Es waren aber keine Postchaisen, die vorfuhren, um Reisende in die Provinzen zu bringen, sondern feine Equipagen, die auf ihre Besitzer warteten, und das Getümmel spielte sich nicht vor dem Posthause ab, sondern vor dem Theater von Lincoln's Inn Fields.

Es war der Abend des 29 Januars im Jahre 1728. Gerade war im Theater eine Uraufführung zuende gegangen. Kein Theaterdirektor, kein Bühnenautor, kein Komponist kann voraussagen, wie der erste Abend eines neuen Stückes ausgehen wird. Daß aber der Erfolg dieser Premiere so großartig, so fantastisch sein würde, hätte niemand auch nur zu träumen gewagt. Herzöge und Grafen saßen mit ihren Gemahlinnen in den Logen und echte Londoner Cockneys in den oberen Rängen, und als sich am Ende der Vorhang senkte, jubelten die einen ebenso laut wie die andern, und der Erste Minister König Georgs II selbst, Sir Robert Walpole, klatschte als erster und am lautesten.

'Des Bettlers Oper' war der Titel des musikalischen Lustspiels, das das Publikum zu solcher Begeisterung hinriß, und am 1 Februar konnten die Londoner in 'The Daily Journal' lesen: 'Am Montag wurde zum ersten Mal im Königlichen Theater von Lincoln's Inn Fields die neue englische Oper des Herrn Gay aufgeführt, welche in einer ganz neuen und höchst unterhaltsamen Art und Weise geschrieben ist. Anstelle von italienischen Arien, hört man hier mehr als sechzig der berühmtesten altenglischen und schottischen Volksmelodien. Das Publikum bestand, ebenso wie auch gestern wieder, aus einer glänzenden Gesellschaft des hohen und des niederen Adels, und seit vielen Jahren hat keine Bühnenaufführung einen derartigen Beifall ausgelöst.'

Zweiundsechzig Wiederholungen folgten der ersten Aufführung, nie zuvor hatte es in England so einen Theatererfolg gegeben, und die immer zu treffenden Wortwitze aufgelegter Londoner sagten: 'Des Bettlers Oper hat Herrn Fröhlich reich und Herrn Reich fröhlich gemacht.' 'Herr Fröhlich' war Mr Gay, der den Text des Stückes geschrieben hatte, und 'Herr Reich' war Mr Rich, der Direktor des Theaters von Lincoln's Inn Fields. Aber nannte sich das Stück nicht eine 'Oper', und war es nicht voll von hinreissenden Melodien von Anfang bis Ende? Wer war denn der Komponist, der den Londonern eine solche Fülle echt englischer Musik bescherte, wie man es seit dem Tode von Henry Purcell nicht mehr erlebt hatte?

Der Komponist hieß Johann Christoph Pepusch, und die Geschichte seines langen Lebens ist schon ein kleiner Roman. Er war gar kein Engländer, sondern wurde 1667 in Berlin geboren, also ein Jahr nach dem Großen Feuer von London. Der Vater war protestantischer Pastor in der kurbrandenburgischen Hauptstadt, und er sorgte dafür, daß sein Sohn, der schon früh außergewöhnliche Begabung zeigte, nach der Tradition der norddeutschen evangelischen Pfarrhäuser eine sehr gründliche humanistische Gymnasialausbildung erhielt. Da sich bei dem Knaben auch eine starke musikalische Ader regte, wurde er zu einem prominenten Organisten in die Ostseehafenstadt Stettin geschickt, wo ihm die Grundlagen der Musiktheorie beigebracht wurden, und ein vorzüglicher Orgelvirtuose aus Sachsen unterwies ihn in der praktischen Musikausübung. Die solide norddeutsche Musikschule, der auch Bach und Händel so viel verdanken, vermittelte Johann Christoph Pepusch die Grundlagen seines Lebensberufs. Er war achtzehn Jahre älter als die beiden großen Meister, und als diese 1685 geboren wurden, war er bereits ein festangestellter Musiker in der Hofkapelle des Großen Kurfürsten und der Musiklehrer des Kurprinzen Friedrich, der 1688 zur Regierung kam und 1701 der erste König von Preußen wurde.

Aber dieses staatspolitische Ereignis hat Pepusch schon nicht mehr in Berlin erlebt, denn mit dreißig Jahren gab er seine Lebensstellung bei Hofe auf und verließ die brandenburgische Heimat. Wahrscheinlich hat dabei die große Hof- und Regierungskrise des Jahres 1697 eine Rolle gespielt, als der Kurfürst seinen tüchtigen Ersten Minister entließ und in Haft setzte; Pepusch selbst erwähnte später einen grausamen Willkürakt seines kurfürstlichen Herrn, der ihn so empörte, daß er beschloß, von da an in einem freiheitlicheren Lande zu leben.

Über Holland, wo seine ersten Kompositionen gedruckt wurden, begab er sich um das Jahr 1700 nach London, und hier lebte er noch zweiundfünzig Jahre bis zu seinem Tod. In Berlin hatte er eine sichere Hofbeamtenstelle aufgegeben, um sich nun in England auf den keineswegs sicheren freien Kunstmarkt zu begeben, in dem das Gesetz von Angebot und Nachfrage herrschte, und wo man sich täglich durch tüchtige Leistung neu behaupten mußte.

Dies ist Pepusch von Anfang an glänzend gelungen, auch wenn er— wie bald darauf Händel—die englische Sprache nie ganz fehler- und akzentfrei beherrscht hat.

Als Orchestermusiker fing er im Drury Lane-Theater an. Dank seiner umfassenden und gründlichen musikwissenschaftlichen Kenntnisse machte er sich in der Londoner Musikwelt rasch einen Namen durch die Bearbeitung italienischer Opern und volkstümlicher englischer Musikwerke. Er sammelte die alten englischen Kompositionen von Tallis und Byrd und John Bull, und erwarb das wertvolle elisabethanische Virginalbuch, das sich heute im Fitzwilliammuseum in Cambridge befindet.

Damals wurde die englische Musikbühne ganz von der Opera Seria der Italiener beherrscht, und mit ihr triumphierte Georg Friedrich

Händel, der ein Jahrzehnt nach Pepusch in die britische Hauptstadt kam. Aber in den englischen literarischen Kreisen um Addison und Steele und Jonathan Swift erwuchs eine starke Opposition gegen das fremdländische Opernwesen, und Pepusch stellte sich ganz auf ihre Seite. Mit 'Des Bettlers Oper' errangen Pepusch und Gay dann den ersten Sieg über die Italiener, und von da an kann man von einer eigenständigen englischen Musikgattung sprechen.

In Oxford erwarb Pepusch 1713 den akademischen Grad eines Doctor Musicae mit einer dramatischen und patriotischen Ode auf den Friedenschluß von Utrecht. Um dieselbe Zeit engagierte ihn auch der steinreiche Herzog von Chandos als Musikdirektor und Organist an seinen vornehmen Hof in Canons, heute ein Stadtteil in Nordwestlondon, das seinerzeit wegen seiner Pracht als 'Klein Versailles' berühmt war. Von all der Pracht steht heute nur noch die kleine Mausoleumskapelle des stolzen Herzogs, und darin die kleine Orgel, auf der nicht nur Pepusch gespielt hat, sondern auch sein Landsmann Händel, der zeitweise in Canons als Gastkomponist lebte und dort seine berühmten Chandosanthems schrieb.

Mit einundfünfzig Jahren entschloß sich Dr Pepusch endlich zu heiraten, und seine Wahl entbehrt nicht einer ironisch-humoristischen Note, denn er vermählte sich ausgerechnet mit einer hervorragenden italienischen Primadonna, die in den von ihrem Gatten 'besiegten' ausländischen Opern ein so enormes Vermögen erworben hatte, daß Pepusch fortan in aller Muße ein angenehmes Privatleben führen konnte, das hauptsächlich dem Musikunterricht und musikhistorischen Forschungen gewidmet war. Er wurde auch zum Mitbegründer der ältesten noch bestehenden europäischen Musikvereinigung, der englischen Madrigalgesellschaft, die schon damals im Saal der Gastwirtschaft 'Zur Krone und zum Anker', im Strand in London, Werke von Palestrina und Orlando di Lasso aufführte.

Johann Christoph Pepusch ist fünfundachtzig Jahre alt geworden. Die letzten anderthalb Jahrzehnte seines Lebens verbrachte er als Kompositionslehrer und Organist an der alten Charterhouseschule, in deren Kapelle er 1752 beigesetzt wurde. Einer seiner Schüler war William Boyce, und sein Nachfolger als englischer Musikwissenschaftler war Dr Charles Burney. Dieser schrieb über den Berliner Pastorensohn, der zum Wahlengländer geworden war: 'In meinen frühen Jahren besuchte ich diesen verehrungswürdigen Meister, und er erteilte mir damals eine Lehre, die einen so tiefen Eindruck auf mich machte, daß ich sie immer zu befolgen trachtete. 'Als ich ein junger Mann war', so sagte er zu mir, 'da war ich fest entschlossen, niemals am Abend zu Bett zu gehen, bevor ich nicht irgendetwas gelernt hatte, das ich am Morgen noch nicht wußte.'

SINNGEDICHTE

Hoffnung ist ein fester Stab
und Geduld ein Reisekleid,
da man mit durch Welt und Grab
wandert in die Ewigkeit.

Logau

Willst Du immer weiter schweifen?
Sieh, das Gute liegt so nah.
Lerne nur das Glück ergreifen,
denn das Glück ist immer da.

Goethe

Willst du dich selber erkennen, so sieh,
wie die andern es treiben;
willst du die andern verstehn, blick in dein
eigenes Herz.

Schiller

Alles in der Welt läßt sich ertragen,
nur nicht eine Reihe von schönen Tagen.

Goethe

Wie fruchtbar ist der kleinste Kreis,
wenn man ihen wohl zu pflegen weiß!

Goethe

Die Freundschaft, die der Wein gemacht,
wirkt wie der Wein, nur eine Nacht.

Logau

Der Welt mehr geben, als sie uns gibt,
die Welt mehr lieben, als sie uns liebt,
nie um den Beifall der Menge werben,
macht ruhig leben und selig sterben.

Friedrich Bodenstedt

Die Liebe ist der Dichtung Stern,
die Liebe ist des Lebens Kern,
und wer die Lieb' hat ausgesungen,
der hat die Ewigkeit errungen.

Rückert

Wenn mir sonst nichts übrig bliebe,
alles mir die Welt geraubt,
und es bliebe mir die Liebe:
selig, wer an Liebe glaubt!

Julius Sturm

Was macht gewinnen?
Nicht lange besinnen!
Was bringt zu Ehren?
Sich wehren!

Goethe

Das ist der Weisheit letzter Schluß;
nur der verdient sich Freiheit wie das Leben,
der täglich sie erobern muß!

Goethe

FRAGE

O Menschenherz, was ist dein Glück?
Ein rätselhaft geborner,
und, kaum gegrüßt, verlorner
unwiederholter Augenblick.

Lenau

BITTE

Weil' auf mir, du dunkles Auge,
übe deine ganze Macht,
ernste, milde, träumerische,
unergründlich süße Nacht!

Nimm mit deinem Zauberdunkel
diese Welt von hinnen hier,
daß du über meinem Leben
einsam schwebest für und für!
Lenau

STIMME DES KINDES

Ein schlafend Kind! O still! In diesen Zügen
könnt ihr das Paradies zurückbeschwören;
es lächelt süß, als lausch' es Engelchören,
den Mund umsäuselt himmlisches Vergnügen.

O schweige, Welt, mit deinen lauten Lügen,
die Wahrheit dieses Traumes nicht zu stören!
Laß' mich das Kind im Traume sprechen hören,
und mich, vergessend, in die Unschuld fügen!

Das Kind, nicht ahnend ein bewegtes Lauschen,
mit dunklen Lauten hat mein Herz gesegnet,
mehr als im stillen Wald des Baumes Rauschen:

Ein tief'res Heimweh hat mich überfallen,
als wenn es auf die stille Heide regnet,
wenn im Gebirg' die fernen Glocken hallen.
Lenau

AN EMMA

Weit in nebelgrauer Ferne
liegt mir das vergangne Glück,
nur an einem schönen Sterne
weilt mit Liebe noch mein Blick;
aber wie des Sternes Pracht,
ist es nur ein Schein der Nacht.

Decke dir der lange Schlummer,
dir der Tod die Augen zu,
dich besäße doch mein Kummer,
meinem Herzen lebtest du.
Aber ach, du lebst im Licht,
meiner Liebe lebst du nicht.

Kenn der Liebe süß Verlangen,
Emma, kann's vergänglich sein?
Was dahin ist und vergangen,
Emma, kann's die Liebe sein?
Ihrer Flamme Himmelsglut
stirbt sie wie ein irdisch Gut?

Des Menschen Taten und Gedanken, wißt,
sind nicht wie Meeres blind bewegte Wellen,
die inn're Welt, sein Mikrokosmus ist
der tiefe Schacht, aus dem sie ewig quellen.

Schiller

O, so laßt euch froh begrüßen,
Kinder der verjüngten Au!
Euer Kelch soll überfließen
von des Nektars reinstem Tau.
Tauchen will ich auch in Strahlen,
mit der Iris schönstem Licht
will ich eure Blätter malen,
gleich Aurorens Angesicht.
In des Lenzes heiterm Glanze
lese jede zarte Brust,
in des Herbstes welkem Kranze
meinen Schmerz und meine Lust.

Schiller

AUS DEM 'LIED VON DER GLOCKE'

Wohltätig ist des Feuers Macht,
wenn sie der Mensch bezähmt, bewacht,
und was er bildet, was er schafft,
das dankt er dieser Himmelskraft;
doch furchtbar wird die Himmelskraft,
wenn sie der Fessel sich entrafft,
einhertritt auf der eigenen Spur,
die freie Tochter der Natur.
Wehe, wenn sie losgelassen,
wachsend ohne Widerstand,
durch die volkbelebten Gassen
wälzt den ungeheuren Brand!
Denn die Elemente hassen

das Gebild der Menschenhand.
Aus der Wolke
quillt der Segen,
strömt der Regen;
aus der Wolke, ohne Wahl,
zuckt der Strahl.
Hört ihr's wimmern hoch in Turm?
Das ist Sturm!
Rot wie Blut
ist der Himmel;
das ist nicht des Tages Glut!
Welch Getümmel
Straßen auf!
Dampf wallt auf!
Flackernd steigt die Feuersäule,
durch der Straßen lange Zeile
wächst es fort mit Windeseile. . .

Einen Blick
nach dem Grabe
seiner Habe
sendet noch der Mensch zurück—
greift fröhlich dann zum Wanderstabe.
Was Feuers Wut ihm auch geraubt,
ein süßer Trost ist ihm geblieben;
er zählt die Häupter seiner Lieben,
und sieh'! ihm fehlt kein teures Haupt.

Schiller

ERLKÖNIG

Wer reitet so spät durch Nacht und Wind?
Es ist der Vater mit seinem Kind;
er hat den Knaben wohl in dem Arm,
er faßt ihn sicher, er hält ihn warm.

„Mein Sohn, was birgst du so bang dein Gesicht?"
„Siehst, Vater, du den Erlkönig nicht?
Den Erlenkönig mit Kron' und Schweif?"—
„Mein Sohn, es ist ein Nebelstreif."—

„Du liebes Kind, komm, geh' mit mir.
Gar schöne Spiele spiel' ich mit dir;
manch bunte Blumen sind an dem Strand;
meine Mutter hat manch gülden Gewand."

„Mein Vater, mein Vater, und hörest du nicht,
was Erlenkönig mir leise verspricht?"—
„Sei ruhig, bleibe ruhig mein Kind;
in dürren Blättern säuselt der Wind."—

„Willst, feiner Knabe, du mit mir geh'n?
Meine Töchter sollen dich warten schön;
meine Töchter führen den nächtlichen Reih'n
une wiegen und tanzen und singen dich ein."

„Mein Vater, mein Vater, und siehst du nicht dort
Erlkönigs Töchter am düstern Ort?"—
„Mein Sohn, mein Sohn, ich seh es genau;
es scheinen die alten Weiden so grau."

„Ich liebe dich, mich reizt deine schöne Gestalt;
und bist du nicht willig, so brauch' ich Gewalt."
„Mein Vater, mein Vater, jetzt faßt er mich an.
Erlkönig hat mir ein Leid getan."

Dem Vater grauset's, er reitet geschwind,
er hält in den Armen das ächzende Kind,
erreicht den Hof mit Mühe und Not;
in seinen Armen das Kind war tot.

Goethe

EIN FREUND GING NACH AMERIKA

Ein Freund ging nach Amerika
und schrieb mir vor einigen Lenzen:
'Schicke mir Rosen aus Steiermark,
ich hab' eine Braut zu bekränzen!'

Und als vergangen war ein Jahr;
da kam ein Brieflein gelaufen:
'Schicke mir Wasser aus Steiermark,
ich hab' ein Kindlein zu taufen!'

Und wieder ein Jahr, da wollte der Freund,
ach, noch was anderes haben:
'Schicke mir Erde aus Steiermark,
muß Weib und Kind begraben!'

Und so ersehnte der arme Mann
auf fernsten, fremden Wegen
für höchste Freud', für tiefstes Leid
des Heimatlandes Segen

Peter Rosegger

KNABENGEBET

Lieber Gott, ich bitte dich:
führe mich und schütze mich,
daß ich einst als rechter Mann
schwächern Brüdern helfen kann!

Gib auch deinen Segen
all den Lieben, groß und klein;
laß uns lang beisammen sein;
laß den goldnen Sonnenschein
über unsern Wegen!

Ferdinand Avenarius

LIEDER

WEIßT DU WIEVIEL STERNLEIN STEHEN?

Weißt du wieviel Sternlein stehen
an dem blauen Himmelszelt?
Weißt du wieviel Wolken gehen
weithin über alle Welt?
Gott der Herr hat sie gezählet,
daß ihm auch nicht eines fehlet
an der ganzen großen Zahl.

Weißt du wieviel Mücklein spielen
in der hellen Sonnenglut?
Wieviel Fischlein auch sich kühlen
in der hellen Wasserflut?
Gott der Herr rief sie mit Namen,
daß sie alle ins Leben kamen,
daß sie nun so fröhlich sind.

Weißt du wieviel Kinder frühe
stehen aus ihrem Bettlein auf?
Daß sie ohne Sorg' und Mühe
fröhlich sind im Tageslauf?
Gott im Himmel hat an allen
seine Lust, sein Wohlgefallen,
kennt auch dich und hat dich lieb.

Wilhelm Hey

DER KÖNIG IN THULE

Es war ein König in Thule,
gar treu bis an das Grab,
dem sterbend seine Buhle,
einen goldnen Becher gab.

Es ging ihm nichts darüber,
er leert' ihn jeden Schmaus;
die Augen gingen ihm über,
so oft er trank daraus.

Und als er kam zu sterben,
zählt' er seine Städt' im Reich,
gönnt' alles seinem Erben,
den Becher nicht zugleich.

Er saß beim Königsmahle,
die Ritter um ihn her,
auf hohem Vätersaale
dort au dem Schloß am Meer.

Dort stand der alte Zecher,
trank letzte Lebensglut
und warf den heil'gen Becher
hinunter in die Flut.

Er sah ihn stürzen, trinken
und sinken tief ins Meer.
die Augen täten ihm sinken;
trank nie einen Tropfen mehr.

Goethe

HEIDENRÖSLEIN

Sah ein Knab' ein Röslein stehn,
Röslein auf der Heiden,
war so jung und morgenschön,
lief er schnell, es nah zu sehn,
sah's mit vielen Freuden.
Röslein, Röslein, Röslein rot,
Röslein auf der Heiden.

Knabe sprach: 'Ich breche dich,
Röslein auf der Heiden!'
Röslein sprach: 'Ich steche dich,
daß du ewig denkst an mich,
und ich will's nicht leiden.'
Röslein, Röslein, Röslein rot,
Röslein auf der Heiden.

Und der wilde Knabe brach's
Röslein auf der Heiden;
Röslein wehrte sich und stach,
half ihm doch kein Weh' und Ach,
mußt' es eben leiden.
Röslein, Röslein, Röslein rot,
Röslein auf der Heiden.

Goethe

DER FROHE WANDERSMANN

Wem Gott will rechte Gunst erweisen,
den schickt er in die weite Welt;
dem will er seine Wunder weisen
in Berg und Wald und Strom und Feld.

Die Trägen, die zu Hause liegen,
erquicket nicht das Morgenrot,
sie wissen nur von Kinderwiegen,
von Sorgen, Last und Not um Brot.

Die Bächlein von den Bergen springen,
die Lerchen schwirren hoch vor Lust;
was sollt' ich nicht mit ihnen singen
aus voller Kehl' und frischer Brust?

Den lieben Gott laß' ich nur walten;
der Bächlein, Lerchen, Wald und Feld
und Erd' und Himmel will erhalten,
hat auch mein' Sach' aufs best bestellt.

Joseph von Eichendorff

VOLKSLIEDER

DER JÄGER AUS KURPFALZ

Ein Jäger aus Kurpfalz,
der reitet durch den grünen Wald,
er schießt sein Wild daher,
gleich wie es ihm gefällt.
Tra-ra, tra-ra, gar lustig ist die Jägerei
allhier auf grüner Heid',
allhier auf grüner Heid'!

Auf, sattelt mir mein Pferd
und legt darauf den Mantelsack!
So reit' ich weit umher
als Jäger von Kurpfalz.
Tra-ra, tra-ra, gar lustig ist die Jägerei
allhier auf grüner Heid',
allhier auf grüner Heid'!
(Volkslied des 18 Jahrhunderts)

WENN ICH EIN VÖGLEIN WÄR

Wenn ich ein Vöglein wär
und auch zwei Flügel hätt,
flög ich zu Dir;
weils aber nicht kann sein,
bleib ich allhier.

Bin ich gleich weit von Dir,
bin doch im Traum bei Dir
und red mit Dir;
wenn ich erwachen tu,
bin ich allein.

Es geht kein Stund in der Nacht,
da nicht mein Herz erwacht
und dein gedenkt,
daß du mir viel tausendmal
dein Herz geschenkt.

GELÜBDE

Ich hab' mich ergeben mit Herz und mit Hand,
Dir, Land voll Lieb' und Leben, mein teures Vaterland,
Dir, Land voll Lieb' und Leben, mein teures Vaterland!

Mein Herz ist entglommen, dir treu zugewandt!
Du Land der Frei'n und Frommen, du herrlich Heimatland!
Ach Gott, tu erheben mein jung Herzensblut
zu frischem, freud'gem Leben, zu freiem, frommem Mut!

Laß' Kraft mich erwerben in Herz und in Hand,
zu leben und zu sterben fürs heil'ge Vaterland!

Hans Ferd. Massmann

TREUE LIEBE

Ach, wie ist's möglich dann, daß ich dich lassen kann!
Hab' dich von Herzen lieb, das glaube mir!
Du hast das Herze mein so ganz genommen ein,
daß ich kein' andren lieb' als dich allein.

Blau ist ein Blümelein, das heißt Vergißnichtmein;
dies Blümlein leg' ans Herz und denk' an mich!
Stirbt Blum' und Hoffnung gleich, sind wir an Liebe reich,
denn die stirbt nie bei mir, das glaube mir!

Wär' ich ein Vögelein, wollt' ich bald bei dir sein,
scheut' Falk' und Habicht nicht, flög' schnell zu dir.
schöß' mich ein Jäger tot, fiel ich in deinen Schoß;
sähst du mich traurig an, gern stürb' ich dann.

KEY TO EXERCISES

1

The cherry is red. Days are long, but weeks are longer. A year has 12 months. The book is very interesting. My friend is older than I. The town is very old. This girl is ugly. Is the milk sour? Would you like a cup of coffee? That is not possible. My hair is fairly long. His parents are friendly. Are you at home? Do you have a pen? This (or that) dog is dangerous. The German language is not difficult but the English language is easier. What does the church look like? How old are you? That is a long journey. The silk is beautiful but it is expensive. Yes, that is true.

2

Haben Sie meine Uhr? Die Häuser sind hoch. Das Mädchen ist sehr klug. Mein Vater ist ein Geschäftsmann. Ich weiß nicht. Ist der Lehrer dort? Nein, aber er ist hier. Die Türen sind weiß. Ist das richtig? Der Kaffee ist heiß. Ihr Nachbar ist freundlich. Ist der Schrank groß? Ja, er ist ziemlich groß. Du bist sehr schön. Ich trinke gern. Sind Sie in Deutschland? Wir sind dort. Wann wollen (möchten) Sie kommen? Er hat einen Brieffreund. Sie hat eine Katze. Das Wasser ist kalt. Dieses (jenes) Land ist arm. Die Leute sind sehr ehrlich. Ich bin nicht krank. Welches Kleid ist das schönste? Es gibt nichts mehr. Der Schüler ist intelligent.

3

The big stone. The beautiful skin. A new house. Long legs. The cold weather. The little shop in a narrow street. The old father. A wild cat. We are in an old town. The big book is interesting. A strict teacher is good. Am I not a friendly person? The green grass. Beautiful girls aren't always silly. The young man is very ill. How old is this small child? A green apple is sour. The soft cushion is red. I am on a long journey. I like to drink cold milk. English beer is always warm. The black (i.e. dark) night.

4

Der braune Hut. Ein betrunkener Soldat. Der arme Bäcker. Das schwere Blei. Eine alte Hütte. Ein hartes Ei. Eine heiße Tasse Tee. Das kleine Mädchen. Die guten Heime. Eine große, blaue Kaffeetasse. Sind Sie ein großer Mensch? Mein gelber Bleistift ist stumpf. Der junge Lehrer hat ein neues Auto. Die alte Frau ist sehr dankbar. Mein großer Bruder hat eine sehr teure Uhr. Die armen Kinder sind in einem Heim. Die deutsche Sprache ist nicht sehr leicht. Das kleinste Land in Europa ist San Marino. Wie alt ist der jüngste Sohn? Ist das der richtige Bahnsteig? Das ist ein langer Stock.

5

I take my glass. We work very hard. The plane lands soon. I am very hungry. I am sending the letter to Hamburg. Please send the tickets. I would like a glass of beer. The coffee is very expensive. We are travelling to England tomorrow. I am ordering the cheese and the sausage. Please write soon. I'll arrive tomorrow. Aren't you travelling by train? No, I'm going back by plane. Translate the letter please. Where is the car? My parents have a shop. My father is on a business trip. We are not travelling by train, we are travelling by car. Open the door! Do you have my book? My parents are still young. Can we go back tomorrow? My friend always listens to the German news. I have a German lesson tomorrow. London is the largest city in Great Britain. The faster the car goes the better. You speak excellent German! You live very dangerously. When do you arrive? Who is this woman? Where is platform 3? Do you have my towel? No, I haven't, it is in the case. When do we eat? I like reading good books. Where can I contact (reach) you tomorrow? I change (trains) in Vienna. It is time to go to bed. I'll see you again tomorrow.

6

Your father sends his love (regards). My sister's house. I'm phoning my parents. Do you know my father? That is not his book. Excuse me, is that your car? No, it is my wife's car. Our aunt lives in Vienna. This lady is my sister, Mrs Brown. Is my husband here? Isn't that your pen? He is talking to his parents. I'm writing to your friend. Do you have our tickets?

7

Wo ist mein Mann? Das ist mein Lehrer. Unser Telefon läutet. Ihr
Vater ist nicht hier. Mein Name ist Smith. Das ist mein Freund. Ja,
ich sehe sie. Ist das Ihr neues Auto? Ihr Kleid ist sehr hübsch. Geben
Sie auf meine Bücher acht. Hier ist Ihr Kaffee. Wie (was) ist Ihre
Nummer? Ich rufe Sie zurück. Ich verbinde Sie. Schreiben Sie mir
und meinem Bruder. Trinken Sie meinen Kaffee, er schmeckt gut.
Ich kann ihm nicht antworten. Sie trifft ihren Freund. Streichen Sie
das durch. Können Sie sie unterbringen? Wann kann ich sie erreichen?
Seine Freundin ist auch meine Freundin.

8

Can I have a quarter kilo of butter? The first man on the moon was
Neil Armstrong. I would like (an) 1/8th of wine (a glass of wine contain-
ing an 1/8th of a litre). Are you coming on Wednesday or Thursday?
At what time does the train arrive then? At sixteen minutes past two, I
think. When are you flying to Italy? On Sunday, the seventh of April.
I'm flying from London at four o'clock and will be arriving in Rome at
twenty past seven. We're going to France at Easter. How old is your
daughter? She is still quite (fairly) young, she's only 9 years old. A third
of the book is finished. What's the date today? Today is Wednesday, the
third of January. We're all going home in July. What was Christmas
like? It was really beautiful. What's (will) the date (be) on Sunday?
I don't know at the moment. Can I help you now? No, thank you,
not now, but come on Thursday at half past one. I'm coming back in a
week and a half. When are you going on holiday? Probably in the
middle of July.

9

Möchten Sie ein viertel Kilo oder möchten Sie ein halbes Kilo? Ich
möchte ein Kilo Äpfel. Die Frühlingszeit ist die schönste Zeit des
Jahres, finde ich. Meine Eltern kommen am sechsten August. Wir
gehen am Montag zurück zur Arbeit. Wie spät ist es, bitte? Es ist
jetzt ungefähr sieben Uhr. Nein, ich will es genau wissen. Es ist
genau fünf Minuten nach sieben. Um wieviel Uhr fährt der Zug ab?
Er fährt um elf Minuten vor sechs ab. Es ist fast ein Viertel nach drei.
Ich fliege am Donnerstag nach Brüssel. Welches Datum ist das?
Es ist der zwanzigste Dezember. Ich habe die andere Hälfte. Ist es
schon zehn Uhr? Nein, es ist nicht ganz halb zehn. In einer Stunde
haben wir eine Deutschstunde. Wir haben eine Deutschstunde jeden
Tag. Haben Sie meine Uhr? Ist es nicht fast vier Uhr?

10

He came too late because the car didn't start. (he was late, . . .)
We bought (ourselves) a new house. I thought you had already taken
your holiday in the winter. Didn't you know (that) he went to Germany?
Why did he only stay for three days? He took (brought) my daughter
home. Did you translate this letter? I couldn't reach (get hold of) him.
We danced all night. My school paid for the journey. I wasn't allowed
to study because it was too expensive. I booked the call to England.
I postponed the discussion until tomorrow because it was very late.
She didn't understand the situation. Mr Schmidt recommended the
hotel to us.

11

Er sprach niemals darüber. Er schrieb mir. Ich sah meine Mutter als
ich nach Hause fuhr. Er hielt einen Mann auf der Straße auf. Sie saß
neben mir. Fanden Sie Ihre Schwester? Ich mußte nach Hause
fahren, weil meine Eltern mich anriefen. Ich sollte ihn gestern sehen,
aber er war nicht zu Hause. Wußten Sie, was es war? Ich buchte eine
Fahrkarte. Wir fuhren die Straße entlang und dann bogen wir links
ab. Mein Nachbar erzählte mir von ihm. Ich konnte das Auto nicht
kaufen, weil ich nicht genug Geld hatte. Ich wußte das nicht! Zahlten
Sie für das Essen? Meine Eltern verkauften ihr Haus. Ich wartete
zwei Wochen. Wir wohnten in London. Gestern war der 14 Februar.

12

I went on holiday to Germany. I liked German food. I stayed in a
hotel. The hotel was very expensive but I liked the room. I saw a lot
in those three weeks and met many people. Actually I went to Germany
to improve my German. I bought lots of souvenirs for my parents and
friends. I also tried German cigarettes but I preferred the American
cigarettes. I smoked too much and because the German wine was so
good I also drank too much. During my stay I visited a business friend
of my father and (both) he and his wife were pleased (to see me). I
bought a bottle of brandy for him and some flowers for her. As I was
invited to dinner I stayed almost until midnight. I thanked them for
their hospitality and went back to the hotel by taxi. I really spent a
very pleasant evening with my father's friend.

13

You will receive the letter today. What will you do this evening? We'll see what it is. Will you be very angry if I come late? When I go home I shall also visit my friends. I always get tired on the train. My boy friend will ring me on Thursday, and on Saturday we shall go on holiday to Denmark. Will you buy the dress despite that? You will be surprised. My son said he'll become a chauffeur when he's older. What will you do without me?

14

Wohin werden Sie gehen? Haben Sie mein Buch gesehen? Werden Sie nach Deutschland fahren? Ich werde ein schönes Haus und einen großen Garten haben und ich werde mir auch einen Hund kaufen. Mein Mann hat mich angerufen, um mir zu sagen, daß er heute abend später nach Hause kommen wird. Hat er Ihnen wirklich alles erzählt? Ich werde nicht nach Hause gehen, bis Sie sich entschieden haben. Wo werden Sie das Kleid kaufen? Ich werde nach Paris fahren und es dort kaufen.